Klaus Gantert
Erfolgreich recherchieren – Linguistik
De Gruyter Studium

Erfolgreich recherchieren

Herausgegeben von
Klaus Gantert

Klaus Gantert

Erfolgreich recherchieren – Linguistik

—

DE GRUYTER
SAUR

ISBN 978-3-11-029900-7
e-ISBN 978-3-11-029901-4
ISSN 2194-3443

Library of Congress Cataloging-in-Publication Data
A CIP catalog record for this book has been applied for at the Library of Congress.

Bibliografische Information der Deutschen Nationalbibliothek
Die Deutsche Nationalbibliothek verzeichnet diese Publikation in der
Deutschen Nationalbibliografie; detaillierte bibliografische Daten
sind im Internet über http://dnb.dnb.de abrufbar.

© 2013 Walter de Gruyter GmbH, Berlin/Boston
Satz: Medien Profis GmbH, Leipzig
Druck und Bindung: Hubert & Co. GmbH & Co. KG, Göttingen
♾ Gedruckt auf säurefreiem Papier
Printed in Germany

www.degruyter.com

Vorwort

suchen wissen

ich was suchen

ich nicht wissen was suchen

ich nicht wissen wie wissen was suchen

ich suchen wie wissen was suchen

ich wissen was suchen

ich suchen wie wissen was suchen

ich wissen ich suchen wie wissen was suchen

ich was wissen

Ernst Jandl, die bearbeitung der mütze, 1978

Das Angebot an wissenschaftlicher Literatur und Fachinformation hat sich in den letzten Jahren in der Linguistik enorm vergrößert. Parallel zu dieser Entwicklung sind auch die Rechercheinstrumente, mit denen nach Fachliteratur und wissenschaftlichen Informationen gesucht werden kann, immer zahlreicher und leistungsfähiger geworden. In diesem Zuwachs liegt jedoch nicht nur ein Segen, sondern auch ein Fluch: Immer vielfältiger werden die Typen der Informationsressourcen, immer größer die Zahl der einschlägigen Datenbanken, immer unübersichtlicher die Treffermengen. Entsprechend wird es immer schwieriger, verlässlich alle Publikationen und Informationen zu einem Themengebiet zu finden, zu bewerten und sinnvoll für die eigene Arbeit zu verwenden.

Dieses Buch soll Ihnen helfen, den Überblick über die wichtigsten Informationsangebote für Sprachwissenschaftler zu bekommen und diese erfolgreich zu nutzen. Hierfür werden die grundlegenden Typen von Informationsressourcen mit ihren jeweiligen Stärken und Schwächen vorgestellt und die zentralen Angebote detailliert besprochen.

Nahezu alle Aspekte und Teilgebiete der Linguistik werden in diesem Band berücksichtigt – dies entspricht auch der inhaltlichen Ausrichtung der meisten linguistischen Informationsressourcen. Schwerpunkte des Buches liegen auf der Allgemeinen und Vergleichenden Sprachwissenschaft sowie auf der germanistischen, anglistischen und romanistischen Linguistik. Das Buch richtet sich in erster Linie an die Studierenden dieser Fächer. Es kann für konkrete eigene Rechercheaufgaben verwendet werden (z. B. für eine Seminar- oder Abschlussarbeit), zur selbstständigen Einarbeitung in das Gebiet der linguistischen Recherche oder auch zur Begleitung und Vertiefung entsprechender Schulungsveranstaltungen, die heute an nahezu allen wissenschaftlichen Bibliotheken angeboten werden.

Mit dem Bibliothekskatalog, den linguistischen Fachbibliographien und den Internetsuchmaschinen werden im ersten Teil des Buches (Basics) zunächst die wichtigsten und am häufigsten verwendeten Rechercheinstrumente ausführlich dargestellt. Der zweite Teil (Advanced) präsentiert mit weiteren Bibliographien, Zeitschriftenverzeichnissen, Fachportalen, Nachschlagewerken und Informationsressourcen zu den einzelnen Sprachen noch mehr Instrumente für eine vertiefte sprachwissenschaftliche Literatur- und Informationsrecherche.

Abb. 1: Sprachen der Welt

Doch gute Rechercheergebnisse sind noch nicht alles: Immer stärker kommt es heute auch darauf an, Suchergebnisse sinnvoll zu bewerten, zu exportieren und effizient zu verwalten, Literatur zu beschaffen, für die eigene Arbeit zu nutzen und natürlich richtig zu zitieren. Mit diesen Themen beschäftigt sich der dritte Teil des Buches (Informationen weiterverarbeiten).

Das Ressourcenverzeichnis am Ende des Bandes weist alle besprochenen Informationsressourcen nach und bietet die Zugangsdaten zu den elektronischen Angeboten. Bei vielen lizenzpflichtigen Datenbanken kann es allerdings nötig sein, einen Rechner Ihrer Universität zu verwenden oder sich mit einem Passwort als Nutzer der Bibliothek zu identifizieren, um Zugriff auf die Inhalte zu bekommen. Den besten Überblick über Ihre Zugangsmöglichkeiten zu Datenbanken gibt Ihnen das Datenbank-Infosystem (DBIS, s. u. S. 31).

Neben den grundlegenden Informationen, die dieses Buch Ihnen geben kann, sollten Sie sich auch mit den spezifischen Angeboten Ihrer lokalen Bibliothek vertraut machen. Nutzen Sie daher die örtlichen Schulungsveranstaltungen und das Informationsmaterial, das auf die lokalen Angebote hinweist.

Vielen Freunden und Bekannten – Studierenden und Dozenten linguistischer Studiengänge ebenso wie Kolleginnen und Kollegen aus dem Bibliothekswesen – bin ich für wichtige Hinweise, Ratschläge und vielfältige Hilfe zu Dank verpflichtet. Namentlich erwähnen möchte ich Prof. Dr. Arnulf Deppermann, Kerstin Gotthardt, Dorothee Graf, Dr. Jochen Haug, Helene Hoffmann, Stephan Hoffmann, Dr. Ulrike Hollender, Ursula Jäcker, Margrit Lauber-Reymann, Prof. Dr. Christer Lindquvist, Doina Oehlmann, Mareike Philipp, Dr. Naoka Werr und Heike Renner-Westermann. Wie immer gebührt der größte Dank meiner Frau Cordula, die das Entstehen dieses Buches in allen Phasen begleitet, gefördert und damit ermöglicht hat.

Widmen möchte ich das vorliegende Buch meiner jüngsten Tochter Magdalena, die während der Arbeit an diesem Band zur Welt kam.

Klaus Gantert, München, Januar 2013

Inhaltsverzeichnis

Basics

Für die Vorbereitung eines Referats oder die Erstellung einer Hausarbeit ist es in den ersten Semestern in der Regel noch nicht nötig, die gesamte Fülle allgemeiner und fachspezifischer Informationsmittel zu nutzen, die kostenfrei online zugänglich sind oder von Staats-, Landes- und Universitätsbibliotheken zur Verfügung gestellt werden. Die Recherche wird sich zunächst auf einige wenige Informationsressourcen beschränken. Besonders wichtig in diesem Zusammenhang sind:

- der elektronische Bibliothekskatalog (OPAC)
- wichtige linguistische Fachbibliographien
- Internetsuchmaschinen

Gerade wenn relativ wenige Instrumente für eine Literatur- und Informationsrecherche eingesetzt werden, ist es besonders wichtig, den Inhalt und die Funktionsweisen dieser Instrumente genau zu kennen. Nur so kann die Suche effektiv gestaltet werden und – soweit dies doch nötig ist – durch andere Rechercheinstrumente sinnvoll ergänzt werden. Aus diesem Grund werden im ersten Teil dieses Buches mit dem Bibliothekskatalog, den zentralen linguistischen Fachbibliographien und den Suchmaschinen zunächst die grundlegenden Informationsmittel für die sprachwissenschaftliche Literatursuche vorgestellt. Ein Kapitel mit Tipps für die Recherche in Datenbanken schließt diesen Teil ab.

1 Bibliothekskataloge

1.1 OPAC – der Klassiker

In seiner heutigen elektronischen Form wird der Katalog einer Bibliothek häufig als *OPAC* bezeichnet (Online Public Access Catalog). In diesen Katalogen, die kostenfrei online zur Verfügung stehen, können Sie in den Beständen der jeweiligen Bibliothek recherchieren. Suchen Sie im OPAC Ihrer eigenen Bibliothek, können Sie Bücher und andere Medien, die Sie interessieren, auch direkt bestellen oder – falls sie bereits ausgeliehen sind – vormerken. In vielen Fällen enthält der OPAC den gesamten Medienbestand einer Bibliothek, allerdings gibt es durchaus auch Bibliotheken, deren Bestände noch nicht vollständig im elektronischen Katalog aufgenommen wurden. Nicht enthalten sind in solchen Fällen zumeist ältere Werke oder besondere Medienformen, z. B. Handschriften, Karten oder Notendrucke. Für diese Bestandsgruppen

OPAC

existieren dann eigene Verzeichnisse. Nähere Informationen bietet die Website Ihrer Bibliothek – oder fragen Sie einfach an der Auskunft.

Besonders wichtig ist der Hinweis, dass in Bibliothekskatalogen fast immer nur die *selbstständig erschienenen Werke*, also Bücher, Zeitschriften, Sammelbände etc., verzeichnet sind. Die in Zeitschriften oder Sammelbänden enthaltenen Aufsätze, die sogenannten unselbstständig erschienenen Werke, werden in den Bibliothekskatalogen nicht oder allenfalls unvollständig nachgewiesen. Einzelne Aufsätze können Sie also über den OPAC in der Regel nicht recherchieren. Hier kommen dann die Fachbibliographien ins Spiel (s. u. S. 12).

Einfache Suche

In der Regel unterscheiden Bibliothekskataloge zwischen einer einfachen Suche und einer erweiterten Suche. In der *einfachen Suche* können Sie einen oder mehrere Suchbegriffe in einer einzigen Zeile eingeben. Bei der Recherche werden dann entweder alle Daten der Katalogeinträge oder nur die wichtigsten Teile davon durchsucht (z. B. Name des Autors, Titel bzw. Thema der Publikation). Werden mehrere Suchbegriffe eingegeben, werden nur diejenigen Datensätze angezeigt, in denen alle Begriffe vorkommen. Vor allem bei unspezifischen Suchbegriffen (z. B. Linguistics, Grammatik, Französisch etc.) führen Suchanfragen häufig zu sehr hohen Trefferzahlen.

Erweiterte Suche

Komplexere Suchmöglichkeiten bietet die *erweiterte Suche*. Bei dieser Oberfläche stehen für die Eingabe der Suchbegriffe mehrere Zeilen zur Verfügung, die gewünschten Suchkategorien lassen sich hier zumeist über Pull-Down-Menüs auswählen. Um die Zeilen logisch miteinander zu verknüpfen, stehen die sogenannten Booleschen Operatoren zur Verfügung: „UND", „ODER", „NICHT" (bzw. „AND", „OR", „NOT").

Boolesche Operatoren

Je nachdem, ob zwei Suchbegriffe mit den Operatoren „ODER", „UND" oder „NICHT" verknüpft sind, werden unterschiedliche Ergebnisse erzielt. Der Operator „ODER" führt zur Vereinigungsmenge (alle Treffer, in denen entweder „Phonetik" oder „Deutsch" vorkommt), der Operator „UND" führt zur Schnittmenge (alle Treffer, in denen sowohl „Phonetik" als auch „Deutsch" vorkommt) und der Operator „NICHT" führt zur Restmenge (alle Treffer, in denen „Phonetik", nicht aber „Deutsch" vorkommt).

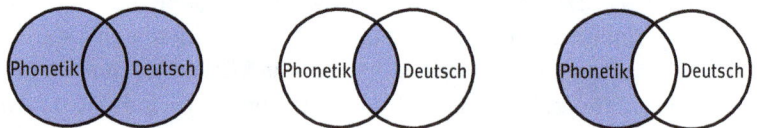

Phonetik ODER Deutsch   –   Phonetik UND Deutsch   –   Phonetik NICHT Deutsch

Auch die Einschränkung der Treffermenge über die Erscheinungsjahre der Werke, die Publikationssprache oder auf einzelne Medienformen (Zeitschriften, Mikroformen, elektronische Publikationen etc.) ist in der erweiterten Suche möglich.

Zu manchen Suchkriterien wird in den OPACs auch ein *Index* (Register) angeboten, also eine Liste mit den Suchbegriffen, die in dieser Kategorie verwendet werden können. Häufig ist es sinnvoll, zunächst in diesen Indizes zu recherchieren bzw. die Suchbegriffe aus diesen Listen zu übernehmen.

Index

Sucheingabe

Freie Suche ▾	
und ▾ Autor/Hrsg. ▾	Index
und ▾ Titel(wörter) ▾	
und ▾ Thema/Schlagwort ▾	Index

Suche in Universitätsbibliothek Augsburg   Zurücksetzen | Suchen

Suche eingrenzen	**Sucheinstellungen**	**Datenbank-Auswahl**

⦿ genaue Suche ○ auch ähnliche Begriffe finden

nur elektronische Publikationen
keine ▾

Besondere Standorte
alle ▾

Sprache der Publikation
alle ▾

Besondere Medientypen (Älteres fehlt z.T.)
alle ▾

Erscheinungsjahr von   Erscheinungsjahr bis

Abb. 2: Erweiterte Suche im Katalog der UB Augsburg

Relativ einfach gestaltet sich in der Regel die Suche nach Werken, die Ihnen bereits bekannt sind. Hier genügt zumeist die Eingabe des Verfassernamens und ein bis zwei signifikanter Begriffe aus dem Titel. Für die thematische Suche, also die Suche nach Ihnen bisher unbekannten Werken zu einem speziellen Thema, eignen sich vor allem die Suchkriterien „Schlagwörter" bzw. „Themen" (beinhaltet Stich- und Schlagwörter).

Für die Suche in Bibliothekskatalogen und anderen Datenbanken spielt die Unterscheidung zwischen Stich- und Schlagwörtern eine wichtige Rolle. Stichwörter sind Begriffe, die genau im Titel eines Werks (oder einem anderen Teil der bibliographischen Daten) vorkommen; Schlagwörter hingegen sind festgelegte Begriffe, die in einer Normdatei verzeichnet sind und von Bibliothekaren vergeben werden. Sie bezeichnen den Inhalt eines Werkes mit einem oder mehreren prägnanten Begriffen, ohne dass diese im Titel vorkommen müssen. So lässt sich beispielsweise der Titel „Hydronyme im Schwedischen" mit dem Stichwort „Hydronyme" oder mit dem Schlagwort „Gewässername" finden. Bei der Recherche sind Schlagwörter in der Regel im Nominativ Singular einzugeben. Mit deutschen Schlagwörtern können so auch fremdsprachige Titel gefunden werden.

Stichwörter und Schlagwörter

Grundsätzlich ist die Suche mit Schlagwörtern einer Stichwortsuche vorzuziehen, da sich zum einen mit Schlagwörtern alle Werke zum Thema – unabhängig von ihrer Sprache und der genauen Formulierung des Titels – finden lassen, zum anderen werden bei der Schlagwortsuche synonyme Formen mitberücksichtigt: Alle Titel, die mit dem Schlagwort „Syntax" verknüpft sind, lassen sich auch mit den synonymen Begriffen „Satzbau", „Satzkonstruktion" und „Satzlehre" finden.

Steht bei einer Recherche jedoch das Suchkriterium „Themen" zur Verfügung, sollte dieses verwendet werden, da es sowohl Stich- als auch Schlagwörter berücksichtigt. Das ist deshalb sinnvoll, weil in vielen Bibliothekskatalogen nicht alle Bestände beschlagwortet sind, insbesondere ältere Werke.

Bei der Suche mit Stichwörtern empfiehlt sich in vielen Fällen eine *Trunkierung*; auf diese Weise können mehrere Wortformen eines Suchbegriffs (z. B. verschiedene Flexionsformen) in die Recherche einbezogen werden.

Trunkier ✂ ung

Bei der Trunkierung (lat. *truncare* = stutzen, beschneiden) wird jede beliebige Buchstabenfolge vor (Linkstrunkierung) oder nach einem Trunkierungszeichen (Rechts- oder Endtrunkierung) in die Suche einbezogen. Als Trunkierungszeichen werden zumeist die Zeichen *, ? oder # verwendet. So findet man mit dem Suchbegriff „Sprach*" z. B. Titel mit den Begriffen „Sprache", „Sprachtheorie", „Sprachpolitik" und „Sprachwissenschaft", mit dem Suchbegriff „*sprache" z. B. Titel mit den Begriffen „Fachsprache", „Wissenschaftssprache", „Umgangssprache" und „Jugendsprache".

In den meisten Bibliothekskatalogen werden die gefundenen Titel zunächst in Form einer Kurztitelliste angezeigt. Durch Anklicken eines Titels gelangt man in die Vollanzeige. Hier finden sich alle bibliographischen Daten (Autor, Titel der Publikation, Verlag, Erscheinungsort und -jahr etc.) sowie weiterführende Informationen zur Verfügbarkeit bzw. bei Freihandaufstellung zu den Standorten der einzelnen Exemplare. Magazinexemplare können online über den Bestellbutton direkt bestellt oder vorgemerkt werden.

1.2 Moderne Funktionen der OPAC-Recherche

Moderne Funktionen

Moderne Bibliothekskataloge bieten ihren Nutzern zum Teil weit mehr als nur die Suche nach relevanten Treffern in einem Datenbanksystem. Besonders wichtige Funktionen für die Recherche sind (a) das Catalog Enrichment, (b) die Drill-Down-Funktion, (c) die Recommender-Funktion, (d) mobile Anwendungen, (e) Alert-Dienste, (f) die Weiterentwicklung von OPACs zu Bibliotheksportalen (Discovery Search) und

(g) die Möglichkeit der originalschriftlichen Suche. Hinter diesen Fachbegriffen stecken Funktionen, durch die sich eine OPAC-Recherche vielfach wesentlich erfolgreicher gestalten lässt.

1.2.1 Catalog Enrichment

Mit dem Begriff Catalog Enrichment – die deutsche Form Kataloganreicherung wird nur sehr selten verwendet – bezeichnet man zusätzliche Informationen, mit denen die traditionellen bibliographischen Daten in Bibliothekskatalogen heute vielfach ergänzt werden. So finden sich in den Trefferanzeigen vieler Bibliothekskataloge (vor allem bei der aktuelleren Literatur) Coverabbildungen sowie Links zu eingescannten Inhaltsverzeichnissen, Klappentexten, Verlagsankündigungen etc., zum Teil auch zu Online-Rezensionen. Die Anreicherung von Katalogdaten durch Klappentexte und Inhaltsverzeichnisse hat zwei Vorteile: Zum einen können solche Texte in die Stichwortsuche einbezogen werden und bieten so für jedes Werk wesentlich mehr sinnvolle Sucheinstiege als die reinen Titeldaten, zum anderen können Sie sich als Nutzer des Katalogs anhand der zusätzlichen Informationen ein viel genaueres Bild darüber machen, ob der Titel Ihren Erwartungen entspricht, und so unnötige Bestellungen vermeiden.

Catalog Enrichment

1.2.2 Drill-Down-Funktion

Der Begriff Drill-Down bedeutet im Deutschen „Bohrung". Mit Hilfe der Drill-Down-Funktion lässt sich in einer erzielten Treffermenge eine „Bohrung" nach den relevantesten Treffern durchführen: Bei Katalogen, die über diese Funktion verfügen, werden die Treffer einer Suchanfrage nicht nur angezeigt, sondern gleichzeitig nach verschiedenen Kriterien (sogenannten Facetten) analysiert, z.B. Fach, Thema, Erscheinungsjahr, Publikationsart, Standort, Sprache und Autor. Die Ergebnisse dieser Auswertung erscheinen dann meistens am Bildschirmrand. Durch Anklicken eines der angezeigten Begriffe gelangt man wie bei einer Bohrung in den Teil der Treffermenge, der einen am meisten interessiert oder am relevantesten ist.

Drill-Down-Funktion

Treffer eingrenzen	Treffer Katalog der UB Würzburg (4892)	‹‹ ‹ 8 9 10 11

⊟ **Fach**
Sprachwissenschaft
(929)
Germanistik (835)
Romanistik (756)
Anglistik / Ame... (626)
Slavistik (451)
Mehr anzeigen...
 	
⊟ **Schlagwort**
Grammatik (3459)
Deutsch (610)
Englisch (567)
Aufsatzsammlung (342)
	111. Duden, Basisgrammatik Französisch
	          Babary-Toebe, Evelyne
	          2011
	          10/ID 1548 B112
	          ausleihbar
	          in die Merkliste
	
	112. \<A\> comparative grammar of British English dialects
	          Dieser Titel ist eine Zeitschrift, eine Serie oder ein mehrb
	          Bitte beachten Sie die Vollanzeige.
	          in die Merkliste
	
	113. Ianua linguae Graecae / C
	          Whittaker, Molly	

Abb. 3: Schlagwortsuche „Grammatik". Trefferanzeige im OPAC der UB Würzburg mit Drill-Down-Funktion (Facetten)

1.2.3 Recommender-Funktion

Recommender-
Funktion

Recommender-Funktionen, also die Empfehlungen vergleichbarer Titel, werden von kommerziell betriebenen Datenbanken schon längere Zeit angeboten (so z. B. vom Internet-Versandhandel Amazon: „Kunden, die diesen Artikel gekauft haben, kauften auch ..."). Seit einiger Zeit weisen auch viele Bibliothekskataloge solche Funktionen auf. Grundlage für die Empfehlungen ist hier nicht das Kaufverhalten der Kunden, sondern zumeist die statistische Analyse des Rechercheverhaltens der Bibliotheksbenutzer („Andere fanden auch interessant...").

> **Linguistische Gesprächsanalyse**
> eine Einführung
>
>   ⊞ Inhalts-
                                                   verzeichnis
>
> **AUTOR:** W Brinker, Klaus, W Sager, Sven F.
> **ORT, VERLAG, JAHR:** Berlin, Schmidt, 2010
> **SCHLAGWORT:** Konversationsanalyse ,Lehrbuch
> **SCHLAGWORT:** Konversationsanalyse ,Linguistik ,Einführung
> **ISBN/ISSN:** W 978-3-503-12207-3
>
> ⊕ bibtip   Andere Benutzer fanden auch interessant:
>
> ⊛ Brinker, Klaus: Linguistische Textanalyse (2010)
> ⊛ Brinker, Klaus: Linguistische Gesprächsanalyse (2006)
> ⊛ Text- und Gesprächslinguistik
> ⊛ Deppermann, Arnulf: Gespräche analysieren (2008)
> ⊛ Gülich, Elisabeth: Konversationsanalyse (2008)
>   mehr ...

Abb. 4: Trefferanzeige im Katalog der UB Regensburg mit Recommender-Funktion und Link zum Inhaltsverzeichnis

1.2.4 Mobile Anwendungen

Immer mehr OPAC-Funktionen sind bereits für die Anwendung auf mobilen Endgeräten (Smartphones und Tablet-Computern) optimiert. Dies betrifft zum einen die vereinfachte Darstellung von Katalogoberflächen, zum anderen bieten einige Bibliothekskataloge bereits die Möglichkeit, bibliographische Daten und weitere Informationen (z. B. Standortnachweise von Medien auf dreidimensionalen Lageplänen) über QR-Codes auf eigene mobile Endgeräte zu übertragen.

Mobile Anwendungen

1.2.5 Alert-Dienste

Über Alert-Dienste (Benachrichtigung bzw. Alarmierung) können angemeldete Benutzer Interessensprofile bzw. Suchanfragen in Bibliothekskatalogen und anderen bibliographischen Datenbanken hinterlegen. Immer dann, wenn ein neuer Titel in den Katalog aufgenommen wird, der dieser Suchanfrage entspricht, wird man durch eine E-Mail oder über RSS-Feed benachrichtigt (Really Simple Syndication).

Alert-Dienste

1.2.6 Discovery Search

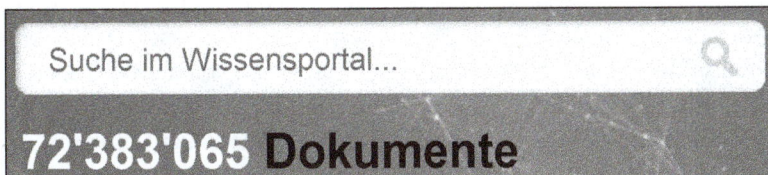

Immer häufiger machen Bibliotheken alle Informationen, über die sie verfügen, über eine zentrale Suchoberfläche zugänglich, neben den Medien, die im Bibliothekskatalog nachgewiesen sind, beispielsweise auch die Inhalte von lizenzierten Datenbanken oder ihrer Website. Insofern weitet diese Funktion die Suchoberfläche des klassischen Bibliothekskatalogs zu einem Bibliotheks- oder Wissensportal aus, über das die Bibliothek ihren Nutzern den Zugang zu möglichst großen Datenbeständen ermöglichen will. Damit werden selbstständige (Bücher) und unselbstständige Publikationen (z. B. Aufsätze aus E-Journals) unter einer Oberfläche recherchierbar. Diese Art der Suche wird zumeist als *Discovery Search* bzw. *Discovery Service* oder als *Wissensportal* bezeichnet.

Discovery Search

Abb. 5: Einfache Suche im Wissensportal der ETH Zürich

1.2.7 Originalschriftliche Suche

Eine besonders für Sprachwissenschaftler wichtige und interessante Weiterentwicklung des modernen Bibliothekskatalogs ist die Möglichkeit der originalschriftlichen Suche. Dadurch entfällt u. a. die Problematik der verschiedenen Transkriptionssysteme (Čechov vs. Tschechov vs. Tschechow etc.).

Weitere Neuerungen bei der Recherche in Bibliothekskatalogen betreffen vor allem die *unscharfe Suche* (Fuzzy Search, Suchbegriff „Auslauterhärtung" findet auch „Auslautverhärtung" etc.) und das *Social Tagging* (Benutzer können selbst – wie bei Flickr oder YouTube – Schlagwörter vergeben). Wichtige Entwicklungen bei der Präsentation von Treffermengen bilden vor allem die Darstellung von inhaltlichen Beziehungen (bei der *Semantischen Suche* werden Treffer – meist in Form von Vernetzungen – in ihrem inhaltlichen Kontext angezeigt) und die Visualisierung von Suchbegriffen und inhaltlichen Aspekten in *Tag clouds* (Wortwolken).

1.3 Verbundkataloge und Virtuelle Kataloge

Weitere
Katalogformen

Neben den OPACs einzelner Bibliotheken gibt es auch Katalogtypen, die den Medienbestand mehrerer Bibliotheken gemeinsam nachweisen. Zu unterscheiden ist hierbei zwischen *Verbundkatalogen*, die den Datenbestand mehrerer Bibliotheken in einer gemeinsamen Datenbank verzeichnen, und den sogenannten *virtuellen Katalogen*, die Suchanfragen an verschiedene Einzel- oder Verbundkataloge schicken.

1.3.1 Verbundkataloge

Verbundkataloge

Schon seit der Einführung der elektronischen Katalogisierung haben Bibliotheken Verbünde gegründet und gemeinsame Verbundkataloge eingerichtet, um sich durch die Übernahme von Katalogdaten anderer Bibliotheken die eigene Katalogisierung zu erleichtern. Solche Verbundkataloge, die die Bestände aller teilnehmenden Bibliotheken nachweisen, sind jedoch auch für die Nutzer von großem Interesse. Der Datenpool, in dem sich hier recherchieren lässt, ist ungleich größer als der jeder einzelnen Bibliothek. Im deutschsprachigen Raum haben sich acht regionale Verbünde wissenschaftlicher Bibliotheken etabliert:

Verbundkataloge im
deutschsprachigen
Raum

- Bibliotheksverbund Bayern (BVB)
- Gemeinsamer Bibliotheksverbund (GBV)
- Hochschulbibliothekszentrum (hbz)

- Hessisches Bibliotheksinformationszentrum (HeBIS)
- Kooperativer Bibliotheksverbund Berlin-Brandenburg (KOBV)
- Südwestdeutscher Bibliotheksverbund (SWB)
- Österreichischer Bibliotheksverbund (OBVSG)
- Informationsverbund Deutschschweiz (IDS)

Aufgrund des großen Datenpools – der Verbundkatalog des GBV umfasst z. B. rund 36 Millionen Titeldaten – eignen sich Verbundkataloge sehr gut für die thematische Recherche. Zu beachten ist jedoch, dass die unselbstständige Literatur (Aufsätze aus Zeitschriften oder Sammelbänden) in vielen Verbundkatalogen zwar in größerem Umfang, in keinem aber vollständig verzeichnet ist.

Typischerweise präsentieren Verbundkataloge zunächst die bibliographischen Daten des gesuchten Mediums und darunter eine Liste der Bibliotheken, die über das entsprechende Werk verfügen (Besitznachweise). Sofern ein Werk in keiner Bibliothek Ihrer Stadt vorhanden ist, können Sie es in der Regel über die Online-Fernleihe des Verbundkatalogs direkt selbst bestellen. Geliefert werden diese Werke dann in Ihre lokale Bibliothek (s. u. S. 123).

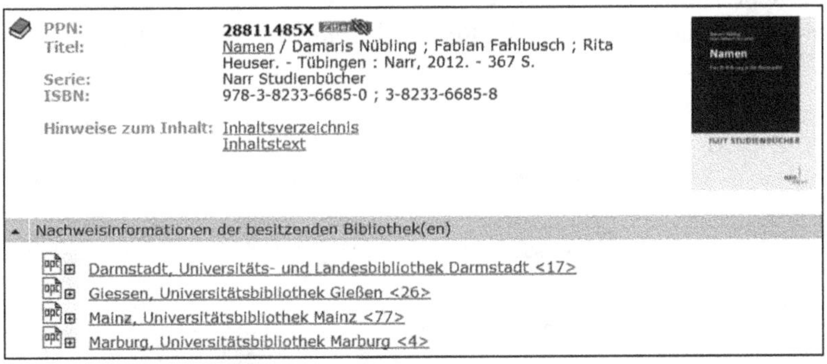

Abb. 6: Titelanzeige und Besitznachweise im Verbundkatalog HeBIS

Während in Deutschland aufgrund seiner föderalen Struktur eine Vielzahl von Verbundkatalogen existiert, gibt es in vielen anderen Ländern nur einen „nationalen" Verbundkatalog, an dem fast alle wichtigen Bibliotheken teilnehmen. Diese Verbundkataloge bilden wichtige Rechercheinstrumente, vor allem für die linguistische Literatur zu den entsprechenden Sprachen:

- Großbritannien – copac (http://copac.ac.uk/)
- Frankreich – ccfr (http://ccfr.bnf.fr/)
- Spanien –ReBIUN (rebiun.crue.org/)

– Italien – Catalogo SBN (www.sbn.it/)
– Portugal – PORBASE Catalogue (www.porbase.org/)

Einen Überblick über die wichtigsten Verbundkataloge von Ländern mit westeuropäischen Sprachen bietet Ihnen der Karlsruher Virtuelle Katalog (s. u. S. 11).

WorldCat

Der größte Verbundkatalog weltweit ist der *WorldCat*. Der WorldCat weist die Bestände von mehr als 72 000 Bibliotheken aus 170 Ländern nach; insgesamt sind rund 300 Millionen Medien mit ca. zwei Milliarden Besitznachweisen verzeichnet. Wie in allen anderen Verbundkatalogen können Sie auch in diesem Katalog kostenfrei recherchieren. Wenn Sie Ihren Standort eingeben, können Sie sich im WorldCat die Liste aller Bibliotheken, die ein gesuchtes Werk besitzen, sortiert nach dem Abstand zu Ihnen anzeigen lassen; die am nächsten gelegene Bibliothek erscheint zuerst, die am weitesten entfernte zuletzt.

Dandelon

Besondere Recherchemöglichkeiten bietet der Verbundkatalog *Dandelon*, ein kooperatives Angebot von 25 Bibliotheken überwiegend aus dem deutschsprachigen Raum. In diesem Katalog können durch hinterlegte Wörterbücher und Thesauri bei der Suche auch Synonyme und fremdsprachige Entsprechungen der eingegebenen Suchbegriffe berücksichtigt werden. Darüber hinaus können auch Abstracts und elektronische Volltexte in die Recherche einbezogen werden.

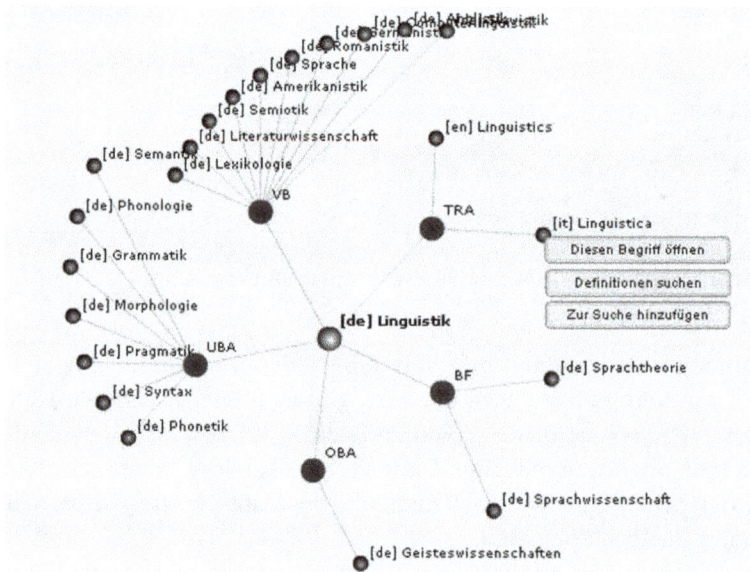

Abb. 7: Dandelon, Suchbegriff „Linguistik" mit über- und untergeordneten Begriffen (OBA und UBA), Synonymen (BF), Übersetzungen (TRA) und verwandten Begriffen (VB)

1.3.2 Virtuelle Kataloge

Als virtuelle Kataloge oder auch Metakataloge bezeichnet man Suchinstrumente, die nicht auf einen eigenen Datenbestand zugreifen, sondern die Suchanfrage an zahlreiche Kataloge einzelner Bibliotheken, an Verbundkataloge oder auch an andere bibliographische Datenbanken weitergeben.

Der wichtigste virtuelle Katalog des deutschsprachigen Raums ist der *Karlsruher Virtuelle Katalog* (KVK), über den auf alle Verbundkataloge des deutschsprachigen Raums, auf Verbundkataloge des Auslands, auf die Kataloge einer Auswahl der wichtigsten deutschen und internationalen Bibliotheken (Nationalbibliotheken) sowie auf zahlreiche Buchhandelsverzeichnisse und elektronische Publikationsplattformen (eDoc-Server) zugegriffen werden kann.

Virtuelle Kataloge

KVK

KVK - Karlsruher Virtueller Katalog

Der KVK ist eine Meta-Suchmaschine zum Nachweis von mehr als 500 Millionen Medien in Katalogen weltweit. Mehr ...

Freitext			
Titel		Jahr	
Autor		ISBN	
Körperschaft		ISSN	
Schlagwort		Verlag	

Meine Kataloge
⊕ neu
Weitere Optionen ...

Suchen   Löschen   Katalogauswahl löschen   ☐ Nur digitale Medien suchen   KVK News

☐ Volltitel ohne Cover-Bilder direkt im Zielkatalog anzeigen

☑ Deutschland	☑ Österreich	☑ Weltweit	Weltweit	☐ Buchhandel
☑ SWB	☑ Österr. BV	☑ Australische NB	☑ VK Luxemburg	☐ abebooks.de
☑ BVB	☑ Österr. Landesbibl.	☑ Dänische NB	☑ Niederländische NB	☐ Amazon.de Dt. Bücher
☑ HBZ	☑ Österr. NB	☑ EROMM Classic	☑ Norwegischer VKW	☐ Amazon.de Engl. Bücher
☑ HEBIS		☑ Finnische NB	☑ Polnische NB	☐ Booklooker.de
☑ HEBIS-Retro	☑ Schweiz	☑ Finnischer VK	☑ Portugiesischer VK	☐ KNV
☑ KOBV	☑ Swissbib	☑ Französische NB	☑ Russische SB	☐ ZVAB
☑ GBV	☑ Helveticat NB Bern	☑ Französischer VK	☑ Schwedischer VK	
☑ DNB	☑ IDS Basel/Bern	☑ Britischer VK	☑ Spanische NB	
☑ StaBi Berlin	☐ IDS Zürich Univ.	☑ British Library	☑ Spanischer VK	

Abb. 8: Suchoberfläche des KVK mit Datenbankauswahl

Ein virtueller Katalog, über den Sie gezielt in Katalogen mit herausragenden sprachwissenschaftlichen Sammlungen recherchieren können, wird im Rahmen der Virtuellen Fachbibliothek Linguistik angeboten (s. u. S. 73).

Wenn Sie einen OPAC oder einen Verbundkatalog benutzen, sollten Sie sich – soweit dies möglich ist – grundsätzlich mit der Nummer Ihres Benutzerausweises und Ihrem persönlichen Passwort anmelden. Auf diese Weise können Sie Treffer nicht nur unmittelbar bestellen und Ihr Konto verwalten, zum Teil haben Sie auf diese Weise auch erweiterte Zugriffsmöglichkeiten auf elektronische Volltexte.

Tipp

2 Fachbibliographien

Die meisten Ihrer Literaturrecherchen werden vermutlich im OPAC beginnen. Für die umfassende thematische Recherche haben OPACs jedoch zwei entscheidende Nachteile:

1. Sie verzeichnen nur die selbstständig erschienenen Werke vollständig (Bücher und Zeitschriften, jedoch nicht die darin enthaltenen Aufsätze).
2. Sie verzeichnen nur diejenigen Werke, die eine Bibliothek auch tatsächlich besitzt.

Fachbibliographien

Beide Nachteile können durch die Verwendung von *Fachbibliographien* ausgeglichen werden. Fachbibliographien weisen sowohl die selbstständige als auch die unselbstständige Literatur nach, also neben den Büchern auch die Aufsätze aus Zeitschriften und Sammelbänden. Außerdem geht es bei Fachbibliographien darum, alle Bücher und Aufsätze eines Wissenschaftsfachs möglichst vollständig zu verzeichnen, unabhängig vom Bestand einer speziellen Bibliothek. Eine Recherche in den einschlägigen Fachbibliographien sollte die Suche im Katalog der eigenen Bibliothek bzw. in Verbund- oder Virtuellen Katalogen daher immer ergänzen.

Verfügbarkeits-recherche

Da Fachbibliographien die einschlägige Literatur unabhängig vom Bestand einer einzelnen Bibliothek verzeichnen, muss sich an die Recherche in einer Bibliographie in der Regel eine *Verfügbarkeitsrecherche* anschließen mit dem Ziel, ein vor Ort verfügbares Exemplar des gesuchten Werkes zu finden oder Zugang zu einem elektronischen Volltext zu erhalten. Zum Teil muss dies noch durch das Abspeichern der bibliographischen Daten und eine anschließende Recherche im lokalen Bibliothekskatalog erfolgen, zum Teil wird die Anschlussrecherche jedoch auch durch moderne technische Verfahren unterstützt. Eine besonders wichtige Rolle spielt hierbei die Verwendung von *Linkresolvern*, mit deren Hilfe die Recherche nach lokalen Exemplaren bzw. nach zugänglichen elektronischen Fassungen auf Knopfdruck erfolgt.

Linkresolver

Ein Linkresolver übernimmt die bibliographischen Daten eines Dokuments in Form einer sogenannten OpenURL und überprüft dessen Verfügbarkeit in lokalen Bestandsnachweisen. Berücksichtigt wird in der Regel der lokale OPAC und der regionale Verbundkatalog; häufig werden auch Volltextdatenbanken, die von der lokalen Bibliothek lizenziert werden, und wissenschaftliche Suchmaschinen in die Anschlussrecherche einbezogen; auch eine Fernleihbestellung oder eine Dokumentenlieferung kann durch einen Linkresolver ausgelöst werden. Hinweise auf diesen Service werden häufig durch das SFX-Symbol angezeigt: $\boxed{S \cdot F \cdot X}$

Neben den Fachbibliographien, die die Literatur zu einem Wissenschaftsfach nachweisen, existieren noch eine Reihe weiterer Typen von Bibliographien, z. B. Spezialbibliographien, Personalbibliographien, Nationalbibliographien, Bibliographien der Bibliographien und andere mehr. Auf einige Gattungen und Titel, die für die linguistische Literaturrecherche eine besonders wichtige Rolle spielen, wird im zweiten Teil dieses Buches noch eingegangen (s. u. S. 42).

(s. u. S. 42).

Weitere Typen von Bibliographien

Achten Sie bei der Verwendung von Fachbibliographien – und auch bei anderen Typen von Bibliographien – unbedingt auf den sogenannten Berichtszeitraum. Er gibt an, aus welcher Zeit die verzeichneten Dokumente stammen. Bei periodisch erscheinenden Bibliographien bzw. bei Online-Datenbanken, die regelmäßig aktualisiert werden, ist vor allem der Beginn des Berichtszeitraums wichtig (z. B. 1985 bis zur Gegenwart), bei abgeschlossenen Publikationen ist sowohl der Beginn als auch das Ende des Berichtszeitraums zu beachten (z. B. 1982–2003). Nach Publikationen, die vor oder nach dem angegebenen Berichtszeitraum erschienen sind, müssen Sie in anderen Quellen recherchieren.

Berichtszeitraum

Für die Recherche nach Literatur zur Allgemeinen und Vergleichenden Sprachwissenschaft und zur Linguistik der Einzelsprachen sind vier übergreifende Fachbibliographien von zentraler Bedeutung:

- MLA International Bibliography
- Bibliography of Linguistic Literature
- Linguistic Bibliography
- Linguistics & Language Behavior Abstracts

Gilt Ihr Interesse einer Einzelsprache, müssen Sie ergänzend die wichtigsten Bibliographien zur Linguistik bzw. zur Philologie dieser Sprache verwenden.

2.1 MLA International Bibliography

Die umfangreichste philologische Fachbibliographie ist die *MLA International Bibliography* (MLA IB). Sie wird von der Modern Language Association, dem US-amerikanischen Philologenverband, herausgegeben und erscheint bereits seit 1921. Die MLA International Bibliography verzeichnet sowohl sprach- als auch literaturwissenschaftliche Sekundärliteratur zu allen neusprachlichen Philologien (Anglistik, Germanistik, Romanistik, Slawistik etc.). Forschungsliteratur zu den alten Sprachen wird nur verzeichnet, wenn ihre Rezeption bzw. ihr Nachleben im Mittelalter und in der Neuzeit behandelt wird. Insgesamt verzeichnet die MLA International Bibliography mehr als 2,5 Millionen

Publikationen, jährlich kommen über 66 000 neue Titel hinzu. Ein eigenes Verzeichnis, das *MLA Directory of Periodicals*, umfasst die Titel von mehr als 7000 Fachzeitschriften, die für die MLA International Bibliography regelmäßig ausgewertet werden.

Neben der Printausgabe wird auch eine Online-Ausgabe angeboten, in der sich nahezu der gesamte Datenbestand recherchieren lässt. Hierbei ist auf eine Besonderheit aufmerksam zu machen: Da das Datenmaterial der MLA International Bibliography von verschiedenen Datenbankanbietern vertrieben wird, kann die Rechercheoberfläche dieser Bibliographie in verschiedenen Bibliotheken unterschiedlich aussehen. Allerdings sind der Datenbestand sowie die Grundfunktionen der Datenbank jeweils identisch.

Die einfache Suche (Basic Search) ermöglicht eine schnelle Suche nach einzelnen Suchbegriffen, sie eignet sich vor allem für die Suche nach bekannten Werken. Für die thematische Suche besser geeignet ist die erweiterte Suche (Advanced Search), hier lassen sich in mehreren Eingabezeilen Suchkriterien festlegen und mit Hilfe der Booleschen Operatoren miteinander verknüpfen.

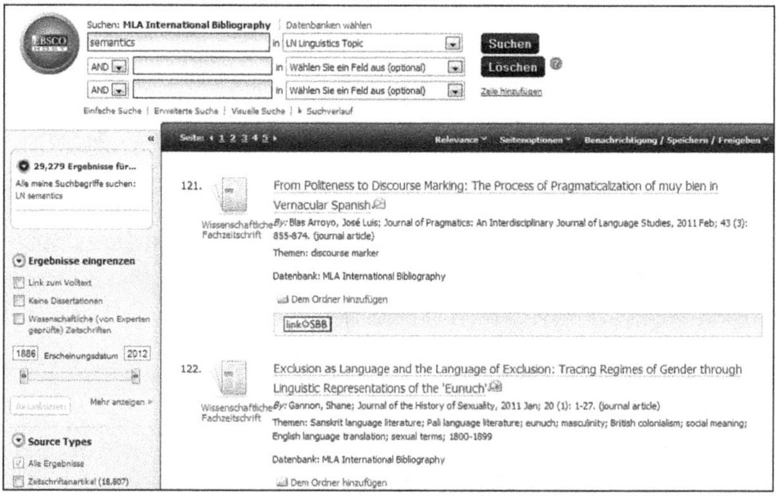

Abb. 9: MLA International Bibliography, Suchoberfläche (EBSCO) und Titelanzeige mit Drill-Down-Menü und Linkresolver (link SBB)

Eine spezielle Suchoberfläche steht für die Suche über den Index der Schlagwörter zur Verfügung (bezeichnet als „Subject Guide Search" bzw. „Thesaurus"). Für die thematische Suche ist die Verwendung dieses Index aus zwei Gründen sehr zu empfehlen:

1. Das gesamte Titelmaterial der MLA International Bibliography ist mit 50 000 Schlagwörtern inhaltlich sehr gut erschlossen, darunter sind auch spezielle sprachwissenschaftliche Kategorien wie „Linguistics Topic" für linguistische Fachbegriffe und „Subject Language" für Einzelsprachen.
2. Viele Schlagwörter sind im Index mit übergeordneten, untergeordneten und verwandten Begriffen verbunden; häufig lässt sich durch die Verwendung solcher Begriffe eine genauere Suchanfrage formulieren.

Einschränkungen von Suchanfragen sind über einzelne Publikationstypen, Sprachen und Erscheinungsdaten möglich, für die Recherche innerhalb einer Treffermenge wird die Drill-Down-Funktion angeboten. Sowohl der Export der bibliographischen Daten als auch der Zugriff auf den Volltext der recherchierten Titel werden durch verschiedene technische Funktionen unterstützt: Individuell zusammengestellte Trefferlisten lassen sich ausdrucken, per E-Mail verschicken, auf lokale Datenträger abspeichern und in Literaturverwaltungsprogramme exportieren. Mit Hilfe von Linkresolvern kann nach lokal verfügbaren bzw. zugänglichen Exemplaren gesucht werden, die Volltexte elektronischer Publikationen lassen sich zum Teil direkt aufrufen.

Verwenden Sie bei der Recherche in der MLA International Bibliography unbedingt englische Suchbegriffe (z. B. „lexicalization" statt „Lexikalisierung", „aphasia" statt „Aphasie" etc.); das kann für Germanisten und Romanisten ungewohnt sein. Wenn Sie nach deutschen Orts- oder Personennamen suchen, verwenden Sie bei Umlauten entweder den Umlaut oder den Grundvokal, nicht die aufgelöste Form („Müller" oder „Muller", nicht „Mueller").

Tipp

Da sie fast alle Sprachen und Literaturen berücksichtigt, ist die MLA International Bibliography besonders für Fragestellungen der Allgemeinen und Vergleichenden Sprachwissenschaft sehr gut geeignet, ebenso für Fragestellungen, bei denen sich Überschneidungen zur Literaturwissenschaft ergeben (z. B. Untersuchungen zum Sprachgebrauch eines einzelnen Autors oder bei sprachwissenschaftlichen Analysen einer literarischen Gattung). Auch für die Recherche nach älterer sprachwissenschaftlicher Literatur ist die MLA International Bibliography aufgrund ihres langen Berichtszeitraums sehr gut geeignet. Trotz der vielen Vorteile dieser umfangreichen sprach- und literaturwissenschaftlichen „Allround-Bibliographie" sollten Sie bei Ihren Recherchen neben der MLA IB immer noch die drei im Folgenden vorgestellten linguistischen Fachbibliographien verwenden.

2.2 Bibliography of Linguistic Literature

Bibliography of
Linguistic Literature

Eine der wichtigsten linguistischen Fachbibliographien für die Allgemeine und Vergleichende Sprachwissenschaft sowie für die germanistische, anglistische und romanistische Sprachwissenschaft ist die *Bibliography of Linguistic Literature. Bibliography of General Linguistics and of English, German and Romance Linguistics* (BLL, auch Bibliographie Linguistischer Literatur), die von der Universitätsbibliothek Frankfurt am Main erstellt wird.

Insgesamt sind in der Bibliography of Linguistic Literature, die seit 1971 erscheint, mehr als 400 000 Titel verzeichnet, jährlich kommen rund 10 000 neue Titel hinzu. Berücksichtigt werden nicht nur die Kernbereiche der Allgemeinen und Vergleichenden Sprachwissenschaft, sondern auch speziellere Teildisziplinen und die sogenannten Bindestrich-Linguistiken (Computer-, Korpus-, Bio-, Ethno-, Pragma-, Psycho-, Soziolinguistik etc.). Von den Einzelsprachen sind vor allem die anglistische, die germanistische und die romanistische Sprachwissenschaft stark vertreten, allerdings sind auch andere Sprachen in den letzten Jahren zunehmend berücksichtigt worden.

Aufgrund der Vorteile bei der Recherche und beim Datenexport haben fast alle wissenschaftlichen Bibliotheken die Online-Ausgabe der Bibliography of Linguistic Literature lizenziert. Die Online-Fassung enthält den gesamten Datenbestand der Druckausgabe (1971 bis zur Gegenwart) und wird in der Regel als BLLDB abgekürzt (Bibliography of Linguistic Literature Database). Sollten Sie die BLLDB allerdings nicht über Ihre Universitätsbibliothek, sondern privat von zu Hause aus nutzen, steht Ihnen nur der Datenbestand von 1971 bis 1995 zur Verfügung, auf den kostenfrei zugegriffen werden kann.

Für die Recherche bietet die BLLDB drei verschiedene Möglichkeiten an. (1) In der *einfachen Suche*, die bereits auf der Startseite der Datenbank angeboten wird, können Sie einen oder mehrere Suchbegriffe in die Eingabezeile schreiben, eine Suchkategorie auswählen und die Suche ausführen (voreingestellt ist die Kategorie Freitext, d.h.., alle vorhandenen Daten werden bei der Suche berücksichtigt). (2) In der *erweiterten Suche* können Sie für komplexere Suchanfragen mehrere Suchkategorien auswählen und durch Boolesche Operatoren miteinander verbinden. Die Treffermenge kann hierbei nach bestimmten formalen Kriterien sortiert bzw. eingeschränkt werden (z. B. bestimmte Dokumententypen, Sprache der Dokumente und Treffer aus bestimmten Erscheinungsjahren). (3) Besonders günstig für die thematische Recherche ist die linguistische Fachsystematik (hier als „Klassifikation" bezeichnet). Hier können Sie sich bis zu der Stelle durchklicken, an der sich alle Titel zu Ihrem Themenbereich befinden (zur Recherche in Klassifikationen s. auch u. S. 38). Ausgangspunkt einer solchen Recherche kann eine einzelne Sprache oder Sprachfamilie (z. B. die Skandinavischen Sprachen) sein, eine sprachwissenschaftliche Disziplin (z. B. die Kognitionsforschung) oder ein formales Kriterium (z. B. Einführungen, Handbücher etc.). So können Sie sich beispielsweise in der Klassifikation über die Themenbereiche „Syntax" → „Satzarten" → „Fragesatz" bis zu „Indirekter Fragesatz" durchklicken, zu dem in der BLL rund 160 Dokumente nachgewiesen sind (s. Abb. 10).

Die inhaltliche Erschließung der BLL findet fast vollständig auf Deutsch und auf Englisch statt, so können Sie gleichermaßen nach dem Schlagwort „Grammatikalisierung" als auch nach dem Schlagwort „Grammaticalization" suchen; von abweichenden Benennungen wird weitergeleitet. Auch die Klassifikation können Sie auf Deutsch und auf Englisch nutzen.

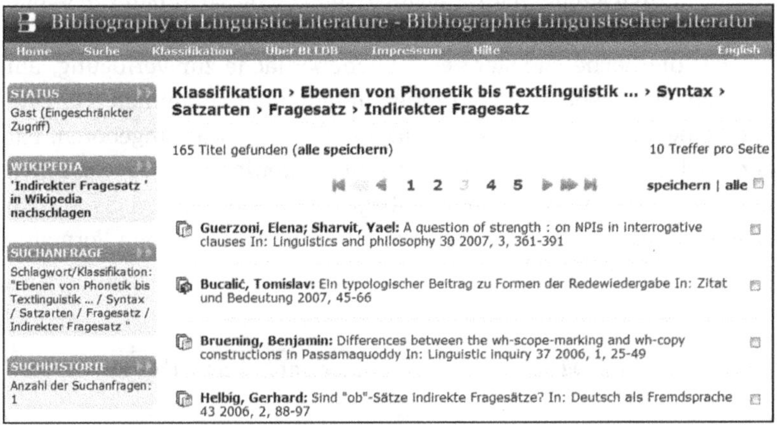

Abb. 10: Trefferanzeige in der BLLDB

Mit Hilfe eines Linkresolvers kann in der Bibliography of Linguistic Literature nach lokal verfügbaren Exemplaren gesucht werden. Aufsätze, die in elektronischer Form vorliegen, sind – soweit sie kostenfrei angeboten oder von Ihrer Bibliothek lizenziert werden – über die *Elektronische Zeitschriftenbibliothek* zugänglich (s. u. S. 51). Treffer können abgespeichert und exportiert werden.

2.3 Linguistic Bibliography

Die *Linguistic Bibliography* ist eine internationale linguistische Fachbibliographie zu allen Aspekten der Allgemeinen und Vergleichenden
Sprachwissenschaft sowie zur Linguistik aller Einzelsprachen. Die
Druckausgabe erscheint seit 1949, zunächst unter dem Titel *Bibliographie linguistique*, seit 1980 unter ihrem heutigen Titel. Verzeichnet
werden Monographien, Aufsätze aus Zeitschriften und Sammelbänden
sowie Rezensionen. Ein besonderer Schwerpunkt der Linguistic Bibliography liegt auf der theoretischen Linguistik sowie auf den außereuro-
päischen, gefährdeten und bereits ausgestorbenen Sprachen. So verzeichnet die Linguistic Bibliography Sekundärliteratur zu nicht weniger
als 3200 verschiedenen Sprachen.

Die Online-Ausgabe (Linguistic Bibliography Online, auch LB Online) enthält die Titeldaten aller Bände, die seit 1993 erschienen sind,
insgesamt umfasst die Datenbank mehr als 300 000 Literaturnachweise, jährlich kommen über 20 000 neue Titeldaten hinzu, von denen
viele auch über kurze Abstracts verfügen.

Für die Recherche steht eine Suchoberfläche zur Verfügung, auf
der sich verschiedene Suchkriterien miteinander kombinieren lassen,
auch eine Tastatur für das griechische Alphabet wird angeboten. Für
alle Suchkriterien können Indizes genutzt werden (z. B. für Sprachen
und sprachwissenschaftliche Fachbegriffe); Treffermengen lassen sich
abspeichern, per E-Mail verschicken und in verschiedenen Formaten
und Styles abspeichern.

	Field	Character Set	Search Term
	Person	‧ Standard ‧	
AND ‧	Title	‧ Standard ‧	
AND ‧	Descriptor: Language	‧ Standard ‧	
AND ‧	Descriptor: Subject	‧ Standard ‧	
AND ‧	Any Word	‧ Greek ‧	
		α β γ δ ε ζ η θ ι	
		κ λ μ ν ξ ο π ρ σ	

Abb. 11: Suchoberfläche der Linguistic Bibliography

2.4 Linguistics & Language Behavior Abstracts

Thematisch ebenfalls breit angelegt sind die *Linguistics & Language Behavior Abstracts* (LLBA). Sie umfassen alle Bereiche der Allgemeinen und der Angewandten Sprachwissenschaft, die Linguistik der Einzelsprachen sowie die interdisziplinären Aspekte des Fachs. Eine Besonderheit dieser Fachbibliographie – dies wird auch in ihrem Titel deutlich – besteht darin, dass zu allen aufgenommenen Dokumenten über die bibliographischen Daten hinaus kurze Abstracts enthalten sind. Die Druckausgabe dieser linguistischen Fachbibliographie erscheint seit 1967.

Neben der Druckfassung gibt es auch eine lizenzpflichtige elektronische Version der Linguistics & Language Behavior Abstracts, sie umfasst den Datenbestand seit 1973. Insgesamt stehen in dieser Online-Datenbank rund 500 000 Titeldaten zur Verfügung, jährlich kommen rund 14 000 Titeldaten hinzu. Sehr vielfältig sind die Suchmöglichkeiten dieser Datenbank, u. a. wird ein Fachthesaurus mit 3700 Suchbegriffen angeboten. Besonders empfehlenswert ist die Auswahl der Suchbegriffe über diesen Thesaurus, da sich hier zu den einzelnen Suchbegriffen auch über- und untergeordnete sowie verwandte Begriffe anzeigen lassen. Suchergebnisse können nach verschiedenen Kriterien eingeschränkt werden, auch eine Drill-Down- und eine Recommender-Funktion werden angeboten. Suchanfragen können als Alert hinterlegt werden und künftige Treffer per E-Mail oder RSS bezogen werden. Wundern Sie sich nicht, dass alle angezeigten Dokumente englische Titel haben; fremdsprachige Titel werden grundsätzlich ins Englische übersetzt, allerdings sind auch die originalen Titelfassungen suchbar.

Linguistics &
Language Behavior
Abstracts

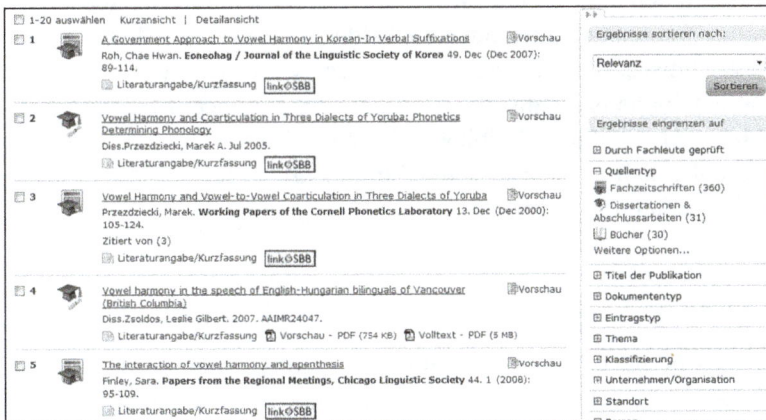

Abb. 12: Titelanzeige in den LLBA mit Drill-Down-Funktion

Ebenfalls sehr vielfältig sind die Möglichkeiten der Datenverwaltung und des Datenexports. So können Sie einzelne Treffer mit Tags versehen, in einem personalisierten Bereich der Datenbank dauerhaft abspeichern, ausdrucken, per E-Mail verschicken, downloaden und in eigene Literaturverwaltungsprogramme übernehmen. Sehr komfortabel ist die Funktion „Zitieren", über diesen Button lässt sich der jeweils aktuelle Titel in der korrekten Zitierform anzeigen – den gewünschten Zitierstil (s. u. S. 128) können Sie hierbei selbst auswählen.

Gerade weil sich die vier hier vorgestellten Bibliographien hinsichtlich ihres Berichtszeitraums, ihrer inhaltlichen Schwerpunkte, der Art der verzeichneten Medien, der Suchmöglichkeiten und des Umfangs der enthaltenen Informationen unterscheiden, sollten Sie diese Fachbibliographien regelmäßig benutzen.

Trotz der immensen Vorteile der elektronischen Fassungen stehen nicht alle sprachwissenschaftlichen Fachbibliographien in den Staats-, Landes- und Universitätsbibliotheken als Datenbank zur Verfügung. Dies gilt insbesondere für die Linguistic Bibliography Online und die Linguistics & Language Behavior Abstracts. In diesen Fällen müssen Sie auf die gedruckten Bände zurückgreifen.

2.5 Weitere Fachbibliographien

Neben den vier hier vorgestellten großen linguistischen Fachbibliographien gibt es noch eine Reihe weiterer bibliographischer Hilfsmittel für die linguistische Recherche. Zu erwähnen sind hier vor allem ein linguistischer Forschungsbericht sowie die wichtigsten Fachbibliographien zu den Sprachwissenschaften der großen Einzelphilologien. Im weitesten Sinne könnten auch die beiden linguistischen Zeitschriftenverzeichnisse, die im zweiten Teil dieses Buches vorgestellt werden (Online Contents Linguistik und Linguistics Abstracts s. u. S. 57 ff.), zu den linguistischen Fachbibliographien gezählt werden. Da sie jedoch ausschließlich Zeitschriftenartikel umfassen, werden sie bei der Zeitschriftenliteratur vorgestellt.

2.5.1 Allgemeine und Vergleichende Linguistik

Year's Work in Modern Language Studies

Einen Überblick über die wichtigsten Publikationen auf dem Gebiet der Allgemeinen und Vergleichenden Sprach- und Literaturwissenschaft sowie der Philologien der europäischen Einzelsprachen bietet der jährlich erscheinende Forschungsbericht *The Year's Work in Modern Language Studies* (YWMLS).

Im Gegensatz zu den bisher vorgestellten Bibliographien präsentiert The Year's Work in Modern Language Studies das Titelmaterial jedoch nicht als systematische Liste oder in Form einer Datenbank, sondern eingebettet in einen Forschungsbericht, der Auskunft gibt über die aktuellen Forschungsentwicklungen in den einzelnen linguistischen Themengebieten. So können Sie sich über die neuesten Entwicklungen zu einem sprachwissenschaftlichen Thema informieren und bekommen darüber hinaus auch noch eine Auswahl der wichtigsten aktuellen Publikationen präsentiert. Herausgegeben wird der YWMLS von der Modern Humanities Research Association (MHRA), einer internationalen Organisation zur Erforschung der europäischen Kulturgeschichte.

Neben den Fachbibliographien zur Allgemeinen und Vergleichenden Sprachwissenschaft (die in der Regel auch viel Titelmaterial zur Linguistik der Einzelsprachen enthalten) gibt es für die meisten Einzelphilologien jeweils noch weitere Fachbibliographien, die Sie – bei einer entsprechenden Themenstellung – ergänzend hinzuziehen sollten. Zum Teil beschränken sich diese Bibliographien auf die Linguistik einer Sprache oder einer Sprachfamilie, zum Teil werden auch die Titel für die Sprach- und Literaturwissenschaft gemeinsam verzeichnet. Vorgestellt werden im Folgenden die wichtigsten Bibliographien für die germanistische, anglistische und romanistische Sprachwissenschaft. Wie Sie Bibliographien zu anderen Sprachen und Sprachkreisen finden, erfahren Sie im Kapitel „Wie finde ich Bibliographien" (s. u. S. 48).

2.5.2 Germanistische Sprachwissenschaft

Vor allem aufgrund der enthaltenen Referate, also kurzen Abstracts, zu einem Teil der indexierten Titel sollten Sie für die Recherche nach Literatur zur germanistischen Linguistik neben der Bibliography of Linguistic Literature (BLL, s. o. S. 16) ergänzend auch noch ein weiteres Verzeichnis benutzen: die *Germanistik – Internationales Referatenorgan mit bibliographischen Hinweisen*. Diese systematisch gegliederte Bibliographie bietet seit 1960 Titelnachweise zu aktuellen germanistischen Publikationen (berücksichtigt werden selbstständige und unselbstständige Werke, auch Publikationen zur Literaturwissenschaft). Die kurzen Abstracts bieten neben der Darstellung des Inhalts der jeweiligen Publikation oft auch eine Verortung der Publikation im Kontext der Forschung sowie eine Bewertung der Arbeit. Referate finden sich vor allem zu Monographien und Sammelbänden.

Neben der Druckausgabe steht mit *Germanistik Online* seit 2010 auch eine lizenzpflichtige Datenbankausgabe zur Verfügung, die den

gesamten Datenbestand enthält, insgesamt rund 350 000 Titel, von denen mehr als 60 000 in Kurzreferaten beschrieben sind. Jährlich kommen rund 8000 neue Titeldaten hinzu, ca. 1000 Titel pro Jahr werden durch Referate näher vorgestellt. Für die Recherche steht neben der Suche mit den gängigen Suchkriterien (Autor, Titel, Schlagwort etc.) auch eine Fachsystematik zur Verfügung, die dem Inhaltsverzeichnis der gedruckten Bände entspricht. Auch eine Suche in den Volltexten der Referate ist möglich.

Wie die Bibliography of Linguistic Literature (s. o. S. 16) wird auch die *Bibliographie der Deutschen Sprach- und Literaturwissenschaft* (auch BDSL bzw. Eppelsheimer/Köttelwesch) von der UB Frankfurt am Main erstellt. In den Funktionalitäten gleichen sich diese beiden Bibliographien, allerdings liegt der Schwerpunkt der BDSL sehr stark im Bereich der Literaturwissenschaft; die Literatur zur germanistischen Sprachwissenschaft wird nur in einer strengen Auswahl nachgewiesen.

2.5.3 Anglistische Sprachwissenschaft

ABELL

Die wichtigste Fachbibliographie für die anglistische Sprachwissenschaft ist die *Annual Bibliography of English Language and Literature* (ABELL). Seit 1920 verzeichnet sie die sprach- und literaturwissenschaftliche Literatur zur Anglistik und Amerikanistik, allerdings findet auch die Sprache und Literatur der gesamten anglophonen Welt Berücksichtigung. Neben der wissenschaftlichen Sekundärliteratur wird (im Bereich der Literaturwissenschaft) auch die Primärliteratur verzeichnet sowie in großem Umfang auch Rezensionen, die rund ein Drittel des Datenmaterials ausmachen.

Das gesamte Datenmaterial dieser internationalen Fachbibliographie – insgesamt enthält die ABELL rund eine Million Titeldaten – steht auch in einer lizenzpflichtigen Online-Datenbank zur Verfügung. Jährlich kommen rund 16 000 neue Einträge hinzu. Gesucht werden kann mit verschiedenen Suchkriterien (Autor, Titel, Schlagwörter etc.). Suchanfragen und Treffermengen lassen sich nachträglich verfeinern und rekonstruieren (Modify Search und Search History), individuelle Trefferlisten lassen sich ausdrucken, per E-Mail verschicken und in verschiedenen Formaten und Zitierstilen abspeichern (Marked List).

Year's Work in English Studies

Vergleichbar mit dem Literaturbericht The Year's Work in Modern Language Studies (YWMLS) bietet der Forschungsbericht *The Year's Work in English Studies* (YWES) einen Überblick über die wichtigsten aktuellen Publikationen zur anglistischen Sprach- und Literaturwissenschaft. Seit 1921 erscheint dieser Forschungsbericht, der die Titel der wichtigsten Neuerscheinungen eines Jahres – nach Fachgruppen sortiert – im Rahmen eines kommentierenden Fließtextes präsentiert. Da sich YWES auf den Nachweis der wichtigsten Publikationen beschränkt, diese jedoch bespricht und sie in den Kontext der aktuellen Forschung einordnet, kann man sich mit Hilfe dieser Bibliographie sehr leicht einen Überblick über die aktuellen Forschungsergebnisse einzelner Themengebiete verschaffen. Neben der Druckausgabe können Sie The Year's Work in English Studies auch in einer elektronischen Fassung benutzen. Dies hat den Vorteil, dass Sie innerhalb der einzelnen Hefte auch eine Volltextsuche durchführen können.

2.5.4 Romanistische Sprachwissenschaft

Die wichtigste Bibliographie für den romanischen Sprachkreis ist die *Romanische Bibliographie*. Sie reicht mit ihren Vorläufern bis ins 19. Jahrhundert zurück und verzeichnet Monographien, Sammelwerke, Aufsätze und Rezensionen für die Sprach- und Literaturwissenschaft aller größeren romanischen Sprachen und ihrer Vorläufer (Latein, Rumänisch, Italienisch, Rätoromanisch, Französisch, Okzitanisch, Katalanisch, Spanisch und Portugiesisch (mit Galicisch und Brasilianisch). Lediglich die französische Literaturwissenschaft wird seit 1971 nicht mehr behandelt.

    Die Suchzugänge in dieser gedruckten Bibliographie sind überaus vielfältig, allerdings ist es auch viel Arbeit, Band für Band nach Titeln zu einem speziellen Thema durchzusehen und die interessanten Daten abzuschreiben.

    Seit 2012 steht die Romanische Bibliographie auch in einer lizenzpflichtigen Online-Datenbank zur Verfügung. Diese Fassung verzeichnet das Titelmaterial von 1965 bis 2009, insgesamt umfasst die Datenbank rund 410 000 Einträge, jedes Jahr kommen rund 10 000 neue Titeldaten hinzu. Gesucht werden kann mit Suchbegriffen (Namen, Titelstichwörtern, Schlagwörtern, behandelten Sprachen etc.), wobei deutsche und französische Schlagwörter verwendet werden können. Besonders komfortabel ist der systematische Zugang zu den indexierten Titeln (Browse). So können Sie sich beispielsweise von der „Sprachwissenschaft" über „Rumänisch", „Lexikologie, Etymologie, Lexikographie", „Wortuntersuchungen" bis zur Systemstelle „Neologismen" durchklicken, wo Sie mehr als 60 Titelnachweise zu Neologismen im Rumänischen finden. Trefferlisten können ausgedruckt, abgespeichert oder per E-Mail verschickt werden. Über den OpenURL-Button am Ende der Titelaufnahme erhalten Sie Informationen zur lokalen Ver-

Romanische Bibliographie

fügbarkeit eines gedruckten Exemplars oder des elektronischen Volltexts der ausgewählten Titel. Beachten Sie bei der Recherche jedoch, dass Sie für die Titel vor 1965 und nach 2008 weiterhin die Druckausgabe benutzen müssen.

Neben der Verwendung der in diesem Kapitel aufgeführten linguistischen Fachbibliographien sollten Sie bei allen thematischen Literaturrecherchen zu sprachwissenschaftlichen Themen jedoch auch immer prüfen, ob nicht auch eine passende Spezialbibliographie zu Ihrem Thema zur Verfügung steht (s. u. S. 46); bei Themen mit einem geographischen Bezug kann es auch sinnvoll sein, die entsprechende Regionalbibliographie zu verwenden (s. u. S. 43).

3 Internetsuchmaschinen

**Internet-
suchmaschinen**

Während Bibliothekskataloge und Bibliographien in der Regel nur die bibliographischen Daten von Publikationen verzeichnen und dementsprechend zumeist auch nur diese Daten recherchierbar sind, kann bei Internetrecherchen auf die Volltexte von Milliarden elektronischer Publikationen zugegriffen werden.

Eine Internetsuche ist vor allem dann von Vorteil, wenn man nach Begriffen sucht, für die sich kaum Publikationen finden. Ein weiterer Vorteil liegt in der Verfügbarkeit der Dokumente. In der Regel können Sie die Dokumente, die Sie bei einer Internetsuche finden, unmittelbar aufrufen, am Bildschirm lesen, ausdrucken und häufig auch abspeichern – Anschlussrecherchen oder auch Wartezeiten durch Magazinbestellungen fallen weg. Bei unspezifischen Suchanfragen – die man vermeiden sollte – ist die große Anzahl von Treffern allerdings oft sehr problematisch. Auch die Qualität der Treffer entspricht nicht immer den Erwartungen.

Vor jeder Internetrecherche sollten Sie sich daher unbedingt klar machen, welche Ergebnisse Sie erwarten können bzw. auf welche Dokumente eine Internetsuchmaschine tatsächlich zugreifen kann. Die wichtigsten Gründe für unbefriedigende Rechercheergebnisse sind:

**Probleme bei
Internetrecherchen**

1. *Die Qualität der Dokumente ist oft sehr heterogen.* E-Books, Aufsätze aus E-Journals und wichtige Forschungsergebnisse bedeutender Wissenschaftler finden sich bei Internetrecherchen ebenso wie Seminararbeiten und Schülerreferate. Beim größten Teil der Webpublikationen findet keine Qualitätskontrolle statt. Die kritische Qualitätsprüfung der Treffer ist daher bei Internetrecherchen besonders wichtig (s. u. S. 117). Online-Publikationen, deren Inhalte vor der Veröffentlichung von Experten begutachtet wurden, sind

daher oft besonders gekennzeichnet (Peer-Review oder Editorial Review).

2. *Nicht alle Online-Publikationen sind recherchierbar.* Ein großer Teil aller online publizierten Dokumente ist weder in Webkatalogen verzeichnet noch über Suchmaschinen recherchierbar. Nicht indexiert werden häufig z. B. Inhalte mit Zugangsbeschränkungen, Inhalte von Fachdatenbanken und Multimedia-Angebote. Der Teil des Internets, der mit Suchmaschinen nicht erreichbar ist, wird zumeist als *Deep Web* oder auch als *Invisible Web* bezeichnet. Diese Einschränkungen sind insofern besonders wichtig, da Sie aus diesem Grund auf einen Teil der aktuellen Forschungsliteratur nicht zugreifen können, auch wenn sie elektronisch veröffentlicht wurde.

3. *Die Treffermengen sind häufig zu groß.* Dieses Problem betrifft vor allem Internetsuchen mit allgemeinen Suchbegriffen. Eine Internetsuche nach „linguistics" ergibt beispielsweise mehr als 50 Millionen Treffer („language" rund vier Milliarden). Da niemand solche Treffermengen tatsächlich verarbeiten kann, lassen sich z. B. bei Google übrigens auch nur die ersten tausend Treffer anzeigen und öffnen. Um zu großen Treffermengen entgegenzuwirken, ist es vor allem wichtig, allgemeine Suchbegriffe zu vermeiden, möglichst präzise Suchanfragen zu formulieren und die erweiterte Suche zu nutzen. Die hohen Trefferzahlen machen auch deutlich, wie wichtig das *Ranking* der Suchergebnisse innerhalb der Trefferanzeige ist. Alle Suchmaschinen führen ein automatisches Ranking durch, die genauen Kriterien dafür halten die Suchmaschinenbetreiber in der Regel jedoch streng geheim.

Aus den hier genannten Gründen eignen sich Internetrecherchen vor allem dann, wenn man sich entweder schnell einen ersten Überblick zu einem Thema verschaffen will oder wenn es darum geht, einfache Informationen und Sachverhalte zu recherchieren (z. B. die Öffnungszeiten der Institutsbibliothek oder die Definition eines Fachbegriffs). Wenn sich eine Recherche allerdings auf komplexere Gegenstände bezieht (z. B. die Diglossie in Luxemburg, die Modalpartikeln im Baskischen oder die phonetischen Entwicklungen des Frühneuhochdeutschen) oder die wissenschaftlichen Publikationen zu einem Thema möglichst vollständig erfassen soll, dann müssen sich an eine Internetsuche zwingend weitere Rechercheschritte anschließen.

Auch auf einen weiteren – speziell sprachwissenschaftlichen – Aspekt der Internetsuche soll an dieser Stelle bereits hingewiesen werden: Das Internet stellt das größte und am leichtesten zugängliche Volltextkorpus geschriebener Sprache dar, das auch für die Recherche nach Belegstellen für sprachliche Phänomene genutzt werden kann (s. u. S. 108).

3.1 Allgemeine Suchmaschinen – Google und Co.

Allgemeine Suchmaschinen arbeiten meist indexbasiert, bei einer Suchanfrage werden also nicht die indexierten Webseiten durchsucht, sondern die Suchmaschine greift – ohne dass man es merkt – auf einen riesigen Index zu, in dem alle Suchbegriffe gespeichert sind. Nach diesem Prinzip arbeitet auch die Suchmaschine von Google, dem 1998 gegründeten heutigen Marktführer in der Suchmaschinenbranche. Die Gründe für den Erfolg von Google sind vor allem:

- die immense *Zahl indexierter Dokumente*, auf die bei einer Suche zugegriffen werden kann,
- das *sehr gute Ranking* bei der Präsentation der Treffermenge (fast immer sind wichtige Dokumente für eine Suchanfrage tatsächlich unter den ersten Treffern),
- die *Vielzahl der Dienste und Angebote*. Neben Angeboten, die sich vor allem an eine breite Öffentlichkeit richten, gibt es auch viele Dienste, die heute eine wichtige Rolle in der wissenschaftlichen Arbeit spielen, z. B. Google Scholar und Google Books (s. u. S. 28 und S. 71).

Google

Charakteristisch für Google ist die übersichtliche Suchmaske mit nur einer Eingabezeile für die Suchbegriffe. Werden mehrere Begriffe eingegeben, findet eine automatische UND-Verknüpfung statt; angezeigt werden also nur Dokumente, die alle bzw. fast alle Begriffe enthalten. Werden mehrere Suchbegriffe in Anführungszeichen gesetzt, wird nach genau dieser Wortfolge (Phrase) gesucht.

Wesentlich komplexere Suchanfragen ermöglicht die *erweiterte Suche*. Hier lässt sich eine Suchanfrage auf die Sprache und das Herkunftsland der Dokumente beschränken, auf spezielle Dateiformate und Erscheinungsjahre, auf die Position der Suchbegriffe innerhalb der Dokumente und auf Seiten mit speziellen Nutzungsrechten. Auch die Verwendung der Booleschen Operatoren zur Verknüpfung mehrerer Suchbegriffe bzw. Suchkriterien und die Suche nach genauen Wortfolgen ist möglich. Hat man eine interessante Website oder eine passende Online-Publikation gefunden, so lässt sich über die Eingabe der URL in der Suchoberfläche nach ähnlichen Dokumenten recherchieren. Auch Seiten, die auf dieses Dokument verlinken, lassen sich anzeigen.

Trotz dieser vielfältigen Recherchemöglichkeiten gelten die oben angeführten Einschränkungen auch für Google:

- Auch Google kann weder auf das gesamte Netz noch auf alle wissenschaftlich relevanten Dokumente zugreifen.

- Gerade die hohen Trefferzahlen, die aus dem umfangreichen Index von Google resultieren, führen häufig dazu, dass man die Treffermengen kaum noch überblicken kann.
- Da die online publizierten Dokumente nur maschinell indexiert und nicht von Menschen erschlossen werden, lassen sich thematisch einschlägige Dokumente mit den gewählten Suchbegriffen zum Teil nicht finden, so etwa bei Dokumenten in anderen Sprachen, in denen die gewählten, z. B. deutschen Suchbegriffe nicht vorkommen.

Neben Google gibt es noch eine Vielzahl weiterer Suchmaschinen, die nach denselben Prinzipien, also indexbasiert arbeiten. Zu nennen sind hier vor allem *Bing*, der Suchdienst von Microsoft, und *Yahoo*. Aufgrund der verschiedenen Indizes und der unterschiedlichen Kriterien für das Ranking kann es durchaus empfehlenswert sein, ein und dieselbe Suchanfrage in mehreren indexbasierten Suchmaschinen auszuführen.

Gegenüber den Suchmaschinen spielen fachübergreifende Linklisten und Webverzeichnisse heute nur noch eine geringe Rolle. Auf die speziellen Angebote zur Linguistik in diesem Bereich wird im Kapitel über die Fachportale und Virtuellen Fachbibliotheken eingegangen (s. u. S. 73).

3.2 Wissenschaftliche Suchmaschinen

Wissenschaftliche Suchmaschinen unterscheiden sich von allgemeinen Websuchmaschinen dadurch, dass der Suchvorgang auf die Dokumente festgelegter Anbieter beschränkt wird. In der Regel werden dadurch nur Dokumente gefunden, die auf den Servern wissenschaftlicher Institutionen und Verlage gespeichert sind. Durch diese Einschränkung verringert sich die absolute Zahl der Treffer bei einer Suchanfrage zwar sehr stark, allerdings haben die Treffer für eine wissenschaftliche Recherche in der Regel eine wesentlich höhere Relevanz.

Wissenschaftliche Suchmaschinen

3.2.1 BASE

Eine der weltweit größten wissenschaftlichen Suchmaschinen, die *BASE* (Bielefeld Academic Search Engine), wird von der Universitätsbibliothek Bielefeld angeboten. Recherchiert werden kann hier nach mehr als 43 Millionen Online-Publikationen, die überwiegend als Open-Access-Dokumente kostenfrei im Volltext zur Verfügung stehen.

BASE

Die Dokumente stammen aus ca. 2500 Quellen, also Dokumenten-servern, die zumeist von Universitäten, Bibliotheken und Forschungs-institutionen betrieben werden. Für die Recherche stehen zahlreiche Suchkriterien zur Verfügung. Einschränkungen sind über das Erschei-nungsjahr, die Dokumentenart sowie über das Land bzw. den Konti-nent, in dem sich der Dokumentenserver befindet, möglich.

Über eine kostenfreie App kann BASE auf Smartphones auch mo-bil genutzt werden.

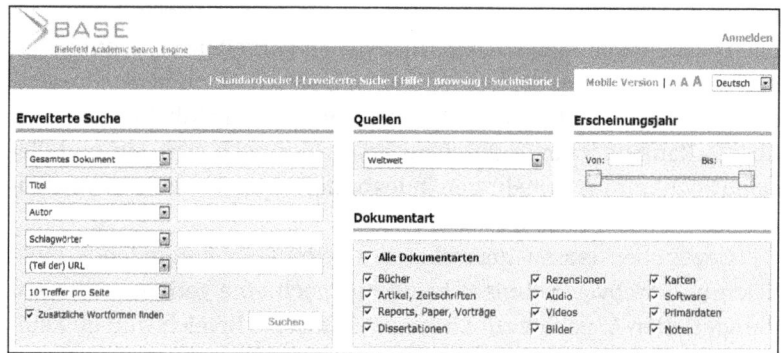

Abb. 13: Suchoberfläche der wissenschaftlichen Suchmaschine BASE

3.2.2 Google Scholar

Im Gegensatz zu BASE indexiert Google Scholar nicht nur Open-Ac-cess-Publikationen, sondern auch Dokumente, die nicht oder nicht vollständig kostenfrei zugänglich sind, sowie Abstracts und bibliogra-phische Daten (bei Google Scholar als „Zitation" bezeichnet). Aus die-sem Grund steht ein Teil der Dokumente, die über Google Scholar re-cherchierbar sind, nicht direkt im Volltext zur Verfügung. Allerdings bietet Google Scholar seinen Nutzern auch in diesen Fällen einige Hil-fen, um schnell und unkompliziert auf den gewünschten Text zugrei-fen oder Anschlussrecherchen durchführen zu können.

Handelt es sich bei einem Treffer um eine vollständige Online-Publikation, so kann das Dokument durch einen Klick auf den Titel aufgerufen werden. Ob der vollständige Text oder nur Auszüge ange-zeigt werden, hängt von den Rechten ab, die der Anbieter einräumt. Hat die eigene Bibliothek den entsprechenden Titel lizenziert, ist auch der Zugriff auf die kostenpflichtigen Angebote möglich. Neben dem Link auf das Dokument bietet die Trefferanzeige von Google Scholar noch weitere Funktionalitäten, die am Beispiel der folgenden Abbildung, der Anzeige einer Zitation (im Volltext nicht zugänglich) und eines Fachbuchs (für Nutzer in lizenzierenden Bibliotheken im Volltext zugänglich), deutlich werden:

```
[ZITATION] Handbook of neurolinguistics
B Stemmer... - 1998 - Academic Pr
Zitiert durch: 30 - Ähnliche Artikel - Bibliothekssuche - Check@ULB Bonn - Alle 2 Versionen - In EndNote importieren

[BUCH] Cognitive neuropsychology and neurolinguistics: Advances in models of cognitive function
and impairment.
AE Caramazza - 1990 - psycnet.apa.org
Abstract 1. The chapters in this volume represent several examples of current cognitive
neuropsychological research carried out in the United States, and they share the important
characteristic of placing considerable emphasis on the development of detailed models of ...
Zitiert durch: 28 - Ähnliche Artikel - Bibliothekssuche - Check@ULB Bonn - Alle 4 Versionen - In EndNote importieren
```

Abb. 14: Trefferanzeige in Google Scholar

– „*Zitiert durch 30*" bedeutet, dass das angezeigte Dokument, ein Handbuch zur Neurolinguistik, von 30 anderen von Google Scholar indexierten Dokumenten zitiert wird. Über einen Klick auf den entsprechenden Link lassen sich diese 30 Titel anzeigen (zur Funktion von Zitationsdatenbanken s. u. S. 55).

– „*Ähnliche Artikel*" führt zu Artikeln, die dem angezeigten Dokument inhaltlich ähneln. Definiert wird diese Ähnlichkeit durch Übereinstimmungen in den bibliographischen Daten und durch übereinstimmende Zitate in beiden Dokumenten.

– Der Link „*Bibliothekssuche*" führt zur Anzeige des Titels im *World-Cat*. In diesem Verbundkatalog lassen sich Bibliotheken mit dem entsprechenden Bestand anzeigen. Einen besseren Überblick über die Bestände der Bibliotheken im deutschsprachigen Raum bietet allerdings der *Karlsruher Virtuelle Katalog* (zum WorldCat und KVK s. o. S. 10 f.).

– „*Check@ULB Bonn*" ist ein Bibliotheksservice für eine Bibliothek, die der Nutzer selbst festlegen kann (hier die Universitäts- und Landesbibliothek Bonn). Durch diesen Service kann der Nutzer die elektronischen Volltexte, die von seiner Bibliothek lizenziert werden, oder andere lokale Dienste direkt nutzen (z. B. den OPAC und den regionalen Verbundkatalog). In den „Scholar-Einstellungen" sollten Sie daher Ihre eigene Bibliothek auswählen (über den Button „Einstellungen").

– „*Alle 2 Versionen*". Liegt ein Dokument in mehreren Versionen vor (z. B. als Volltext, als Abstract, als Zitation etc.), können Sie sich über diesen Button alle Versionen anzeigen lassen.

– „*In EndNote importieren*". Über diesen Button lassen sich die bibliographischen Daten des Werks in ein eigenes Literaturverwaltungsprogramm importieren (s. u. S. 120). Neben EndNote werden auch noch andere Programme unterstützt.

Aufgrund des immensen Bestands an wissenschaftlich relevanten Dokumenten, die zum Teil direkt online zur Verfügung stehen, zum Teil über lokale Dienste bezogen werden können, bildet die Verwendung wissenschaftlicher Suchmaschinen auch für Sprachwissenschaftler eine wichtige Komponente bei der Literaturrecherche.

3.3 Metasuchmaschinen

Metasuchmaschinen

Eine besondere Variante der Internetsuchmaschinen bilden die sogenannten *Metasuchmaschinen*. Diese Suchmaschinen verfügen über keinen eigenen Index, sondern leiten die Suchanfragen an mehrere Suchmaschinen mit eigenem Index weiter. Dort wird die Suche ausgeführt, die Treffer aller angesprochenen Suchmaschinen werden an die Metasuchmaschine weitergeleitet und dort in einer Gesamtliste präsentiert. Die Funktionsweise einer Metasuchmaschine ist insofern vergleichbar mit der eines Virtuellen Kataloges (z. B. des Karlsruher Virtuellen Katalogs, s. o. S. 11).

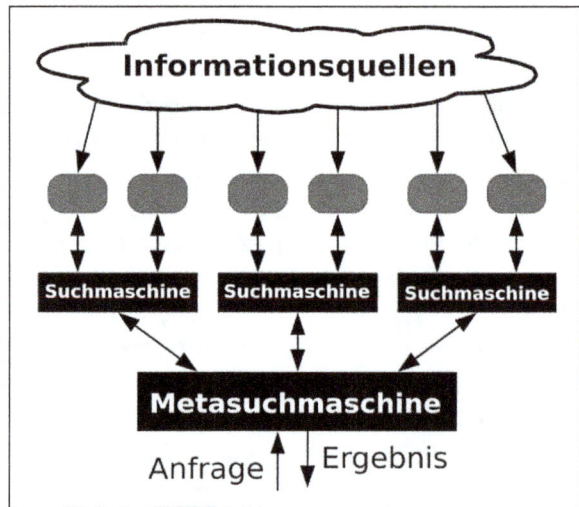

Abb. 15: Funktionsweise einer Metasuchmaschine

Metager[2]

Grundsätzlich spielen Metasuchmaschinen für die sprachwissenschaftliche Literatur- und Informationsrecherche keine allzu große Rolle. An dieser Stelle sei zumindest kurz die Metasuchmaschine *Metager*[2] genannt. Da sie bei der Suche neben BASE – und vielen anderen Angeboten – noch zehn weitere wissenschaftliche Suchmaschinen berücksichtigt, ist sie die wichtigste Metasuchmaschine für den deutschsprachigen Raum.

4 Tipps für die Recherche in Datenbanken

Neben den bisher vorgestellten Suchinstrumenten (Bibliothekskatalogen, Fachbibliographien, Internetsuchmaschinen) steht Linguisten für eine umfassende Informations- und Literatursuche noch eine Vielzahl weiterer Ressourcen zur Verfügung, deren Benutzung die Rechercheergebnisse in vielen Fällen wesentlich erweitern bzw. verbessern kann. Eine Auswahl der wichtigsten Ressourcen wird im zweiten Teil dieses Buches vorgestellt (s. u. S. 42). Zunächst folgen jedoch einige Hinweise für die Recherche in Datenbanken. Sie antworten auf die Fragen:

– Wie finde ich die richtige Datenbank?
– Wie suche ich mit Suchbegriffen?
– Wie suche ich in Klassifikationen?

4.1 Wie finde ich die richtige Datenbank?

Die meisten Rechercheinstrumente stehen heute in Form elektronischer Datenbanken zur Verfügung. Dies betrifft nicht nur die bereits vorgestellten Informationsressourcen (Bibliothekskataloge, Fachbibliographien und Suchmaschinen), sondern auch zahlreiche andere Rechercheinstrumente (Volltextdatenbanken, Fachportale, Lexika etc.). Gerade diese Fülle des Angebots macht es dem Nutzer jedoch oft schwer, für die individuelle Recherche die jeweils passende Datenbank auszuwählen.

Den besten Überblick über das Gesamtangebot an allgemeinen und fachbezogenen Datenbanken gibt das *Datenbank-Infosystem* (DBIS). Dieses Nachweissystem für Datenbanken wird von rund 270 Bibliotheken aus dem deutschsprachigen Raum angeboten und verzeichnet rund 10 000 wissenschaftlich relevante Datenbanken (mehr als 3700 dieser Datenbanken stehen kostenfrei zur Verfügung). Allein für den Bereich der Allgemeinen und Vergleichenden Sprach- und Literaturwissenschaft sind mehr als 400 Datenbanken verzeichnet, mehr als 500 zur Anglistik, mehr als 560 zur Germanistik und rund 400 zur Romanistik.

Datenbank-Infosystem DBIS

Das Datenbank-Infosystem bietet sehr gute Recherchemöglichkeiten. So kann nicht nur nach den Titeln der Datenbanken gesucht werden, sondern auch nach inhaltlichen Schlagwörtern, nach Datenbanken einzelner Fachgebiete, nach bestimmten Datenbank-Typen und nach Publikationsformen (CD-ROM/DVD bzw. Online-Datenbanken). Die Beschreibungen zu den einzelnen Datenbanken informieren unter anderem über die Verfügbarkeit, den Inhalt, die Fachgebiete und die Erscheinungsform des jeweiligen Angebots.

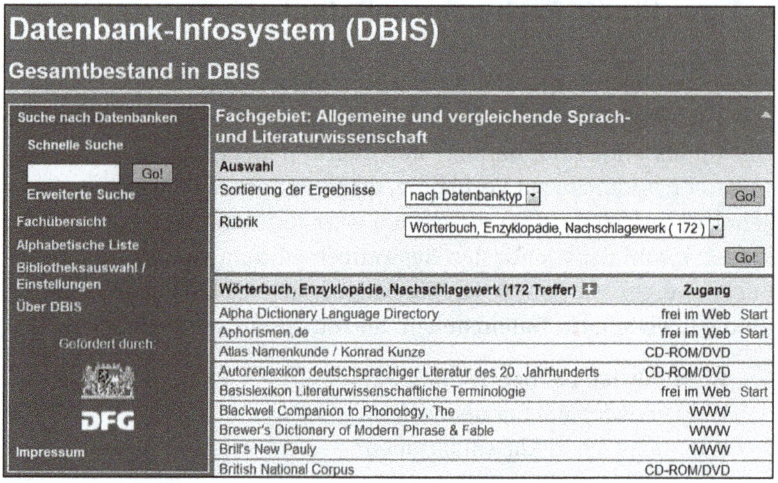

Abb. 16: Trefferanzeige von Datenbanken zur Allgemeinen und Vergleichenden Sprach- und Literaturwissenschaft in DBIS (Gesamtbestand)

Hinweis

Bei der Recherche im Datenbank-Infosystem suchen Sie nur *nach* Datenbanken, Sie recherchieren noch nicht *in* diesen Datenbanken. Um in den Inhalten einer Datenbank recherchieren zu können, müssen Sie diese erst öffnen. Allerdings sind nicht alle Datenbanken kostenfrei zugänglich, manche müssen Sie über Ihre Bibliothek benutzen.

Neben dem Nachweis von Datenbanken bietet DBIS auch Informationen über ihre Zugänglichkeit. Da die Zugänglichkeit von kostenpflichtigen Online-Datenbanken davon abhängen kann, ob Ihre Bibliothek die Datenbank lizenziert hat, ist diese Anzeige von Ihrem Standort abhängig, genau gesagt davon, ob Sie sich in der Bibliothek A, der Bibliothek B oder außerhalb einer Bibliothek, z. B. am heimischen Schreibtisch, befinden.

Recherchieren Sie in den Räumen einer Bibliothek in DBIS, so erscheinen automatisch die Oberfläche und das Datenbankangebot dieser Bibliothek; deutlich wird dies am Namen und am Logo der Bibliothek in der Kopfzeile. In der Regel können Sie die angezeigten Datenbanken öffnen. In vielen Fällen ist für registrierte Nutzer einer Bibliothek ein Zugriff auf kostenpflichtige Online-Datenbanken auch von außerhalb möglich (Remote Access).

Greifen Sie hingegen von außerhalb auf das Datenbank-Infosystem zu, so werden alle verzeichneten Datenbanken angezeigt. In diesem Fall erscheint in der Kopfzeile der Hinweis „Gesamtbestand in DBIS", nutzen können Sie in diesem Fall jedoch nur die kostenfreien Angebote.

Die Auswahl der Ansicht in DBIS erfolgt automatisch. In einer Bibliothek wird Ihnen die Auswahl dieser Bibliothek angezeigt, außerhalb der „Gesamtbestand". Allerdings können Sie diese Auswahl über den Button „Bibliotheksauswahl/Einstellungen" auch verändern und sich z. B. in der UB Salzburg das Datenbank-Angebot der Staats- und Universitätsbibliothek Hamburg bzw. das Gesamtangebot anzeigen lassen.

4.2 Wie suche ich mit Suchbegriffen?

Fast alle Suchanfragen in Datenbanken werden heute mit Hilfe von Suchbegriffen durchgeführt, die der Nutzer in die Suchfelder einer graphischen Oberfläche eingeben kann. Die Recherche mit Suchbegriffen ist meist nicht die einzige Suchmöglichkeit, aber sie entspricht unseren Denk- und Suchgewohnheiten am meisten.

Da jede Suchanfrage anders und individuell ist, kann man keine allgemeingültigen Regeln für erfolgreiches Recherchieren aufstellen. Dennoch sollten Sie sich bei einer Suche mit Suchbegriffen Gedanken zu folgenden fünf Fragen machen:

1. **Was ist der Gegenstand Ihrer Recherche?**
   – *Definieren Sie das Thema Ihrer Recherche möglichst klar und exakt.*
   – *Formulieren Sie Ihr Thema nach Möglichkeit als Frage.*
   – „Gibt es slowenische Ortsnamen in Kärnten?" oder „Wodurch unterscheidet sich das Mittelhochdeutsche im Bereich der Vokale vom Neuhochdeutschen?".

2. **In welchen Informationsressourcen wollen Sie suchen?**
   Bei der Auswahl der richtigen Datenbanken spielen verschiedene Kriterien eine Rolle:
   – *Verwenden Sie spezifische Informationsressourcen.*
   Speziellere Informationsressourcen verzeichnen die relevanten Titel zumeist vollständiger und weisen in der Regel eine bessere (feinere) Erschließung der nachgewiesenen Dokumente auf. Bei einer Recherche zur Wortbildung im Französischen ist z. B. die Verwendung einer Spezialbibliographie zur Morphologie der romanischen Sprachen erfolgversprechender als die Verwendung einer allgemeinen linguistischen Fachbibliographie.
   – *Verwenden Sie den passenden Datenbanktyp.*
   Suchen Sie eine ganz bestimmte Information, z. B. die Definition eines Fachbegriffs, sollten Sie ein einschlägiges Lexikon verwenden; wollen Sie ein ganz bestimmtes Buch lesen, recherchieren Sie

zunächst im Katalog Ihrer Bibliothek; suchen Sie sprachwissenschaftliche Literatur für ein Referat oder eine Hausarbeit, sollten
Sie neben dem Bibliothekskatalog auch Fachbibliographien und
andere bibliographische Datenbanken benutzen.

– *Achten Sie auf den Berichtszeitraum.*
Der Berichtszeitraum gibt an, aus welchen Jahren die verzeichneten
Dokumente stammen (z. B. *Bibliographie linguistique de l´ ancien
occitan 1983–1997*). Für die Zeit vor bzw. nach dem Berichtszeitraum müssen dann andere Informationsmittel herangezogen werden (z. B. periodisch erscheinende Fachbibliographien oder Datenbanken, die ständig aktualisiert werden).

3.   Welche Begriffe eignen sich für eine Suchanfrage?

– *Leiten Sie aus Ihrem Thema einzelne, spezifische Suchbegriffe ab.*
Zum Beispiel „Slowenisch", „Ortsname", „Kärnten" bzw. „Mittel-
hochdeutsch", „Vokalismus", „Neuhochdeutsch".
– *Schreiben Sie mögliche Suchbegriffe auf.*
– *Verwenden Sie in der Regel Begriffe im Nominativ Singular.*
– *Beachten Sie mögliche sprachliche Probleme.*
Denken Sie z. B. an Synonyme („Ortsname" vs. „Toponym"), Ho-
monyme und fachsprachliche Begriffe. Manche Datenbanken er-
fordern z. B. englische Suchbegriffe.
– *Verwenden Sie die Indizes.*
In den Indizes (Registern) erscheinen alle möglichen Suchbegriffe
in Listenform.

4.   Was sind geeignete Suchkriterien?

– *Eine Suche über alle Felder bietet die meisten Treffer.*
Oft wird das Suchkriterium für die Suche über alle Felder auch
mit den Begriffen „Freie Suche", „alle Wörter", „Freitext" etc. bezeichnet.
– *Eine Beschränkung der Suche auf inhaltliche Kriterien ergibt weniger, aber inhaltlich relevantere Treffer.*
Inhaltliche Suchkriterien sind z. B. „Schlagwörter", „Themen" und
„Titelstichwörter".
– *Besonders viele Treffer ergeben sich bei der Recherche im Internet
und in Volltextdatenbanken.*
Hier wird in der Regel der Volltext der indexierten Dokumente
durchsucht. Sollten die Trefferzahlen zu hoch werden, kann es
sinnvoll sein, auf andere Suchkriterien auszuweichen (z. B. Suche
im Titel oder in den Abstracts).

5. Wie lassen sich verschiedene Suchbegriffe sinnvoll miteinander verknüpfen?

– *Wenn Sie zwei oder mehr Suchbegriffe verwenden, achten Sie auf deren Verknüpfung mit den Booleschen Operatoren* (s. o. S. 2).

– *Durch die UND-Verknüpfung reduziert sich die Treffermenge.*
  Suchen Sie z. B. Literatur zu den Dentalsuffixen im Friesischen, ist es sinnvoll nach Dokumenten zu suchen, in denen die Suchbegriffe „Dentalsuffix" *UND* „Friesisch" enthalten sind. Eine Suche nach „Dentalsuffix" *ODER* „Friesisch" würde viel zu viele Treffer ergeben.

– *Durch die ODER-Verknüpfung erweitert sich die Treffermenge.*
  Suchen Sie z. B. Literatur zu den beiden Standardvarietäten der norwegischen Sprache „Bokmål" und „Nynorsk", so müssen Sie die entsprechenden Suchbegriffe mit der *ODER*-Verknüpfung kombinieren, um alle relevanten Titel zu bekommen.

– *Durch die NICHT-Verknüpfung können Sie einzelne Aspekte bei Ihrer Suche ausschließen.*

Da bei den meisten Recherchevorgängen die UND-Verknüpfung verwendet wird, ist sie bei fast allen Suchoberflächen automatisch voreingestellt. Wollen Sie eine andere Verknüpfung Ihrer Suchbegriffe verwenden, bieten viele Datenbanken die Möglichkeit, diese manuell einzustellen.

Voreinstellung

Nach diesen Arbeitsschritten haben Sie eine Vorstellung davon, welche Informationsressourcen Sie für Ihre Recherche verwenden wollen, welche Begriffe sich für eine Suchanfrage eignen, welche Suchkriterien Sie verwenden sollten und wie sich verschiedene Suchbegriffe sinnvoll kombinieren lassen.

Im Lauf Ihrer Recherche werden Sie Ihre Suchanfragen gegebenenfalls verändern müssen. Um dies effektiv tun zu können, ist es wichtig, dass Sie die Ergebnisse jeder einzelnen Suchanfrage beurteilen.

Versuchen Sie immer zu verstehen, weshalb Sie zu den angezeigten Treffern gekommen sind.

Kommt Ihr Suchbegriff im angezeigten Datensatz vor, ist die Anzeige des Titels leicht nachvollziehbar (oft werden die Suchbegriffe in der Anzeige graphisch hervorgehoben).

Der Grund für die Anzeige eines Dokuments ist allerdings nicht immer so deutlich. Der eingegebene Suchbegriff kann zum Beispiel auch als Synonym innerhalb eines sogenannten Normdatensatzes vorkommen. So finden Sie z. B. mit dem Suchbegriff „Zweitsprachenerwerb" im Bibliothekskatalog alle Dokumente, die mit dem Schlagwort „Fremdsprachenlernen" erschlossen wurden; angezeigt werden jedoch immer nur die sogenannten „bevorzugten Bezeichnungen", in diesem Fall der Begriff „Fremdsprachenlernen". Um das Synonym zu sehen, muss man den Normdatensatz öffnen.

Zum Teil werden in Trefferlisten auch Titel angezeigt, bei denen der Suchbegriff im Inhaltsverzeichnis des Dokuments oder in einem Abstract vorkommt (Catalog Enrichment, s. o. S. 5). Im Titeldatensatz werden diese Informationen jedoch häufig nicht angezeigt; sichtbar werden sie erst, wenn man die entsprechenden Elemente anklickt.

Beurteilen Sie die Qualität und die Menge der angezeigten Treffer.
Ziel jeder Datenbank-Recherche ist die möglichst vollständige Anzeige aller für das gesuchte Thema relevanten Datensätze. Weitere, nicht relevante Datensätze sollten nach Möglichkeit vollständig ausgeschlossen werden, um die Treffermenge nicht zu „verunreinigen". Die Kunst besteht darin, dieses perfekte Verhältnis von Quantität und Qualität zu erreichen (man spricht auch vom Verhältnis von *Recall* und *Precision*).

Sind Sie mit den angezeigten Ergebnissen nicht zufrieden, müssen Sie Ihre Suchanfrage ändern. Dies wird vor allem dann der Fall sein, wenn Sie keinen bzw. zu wenige Treffer haben, wenn die Treffer nicht zum Thema passen bzw. wenn Sie zu viele Treffer erhalten haben.

Falls Sie keinen bzw. zu wenige Treffer erhalten:
- Prüfen Sie die Schreibweise Ihrer Suchbegriffe.
- Prüfen Sie die Sprache Ihrer Suchbegriffe (evtl. haben Sie in einer englischen Datenbank mit deutschen Suchbegriffen recherchiert).
- Verwenden Sie trunkierte Suchbegriffe, z. B. „Zweisprachig?" statt „Zweisprachigkeit" (zum Trunkieren s. o. S. 4).
- Prüfen Sie bei mehreren Suchbegriffen die verwendeten logischen Verknüpfungen, verwenden Sie z. B. „oder" statt „und" (zu den Booleschen Operatoren s. o. S. 2).
- Verwenden Sie weiter gefasste Suchkategorien (z. B. „alle Felder" statt „Schlagwörter").
- Wählen Sie andere Suchbegriffe (nutzen Sie hierfür auch die Register).
- Achten Sie darauf, dass Sie keine Sucheinschränkungen übersehen haben (z. B. auf Treffer aus einem bestimmten Jahr).

Falls Sie zu viele Treffer erhalten:
Wenn Ihre Suchanfrage zu viele Treffer ergibt – je nach Thema können die Trefferzahlen schnell in die Tausende gehen –, müssen Sie versuchen, Ihre Treffermenge möglichst sinnvoll einzugrenzen. Hierbei gibt es zwei Möglichkeiten:

a) Entsprechen viele der angezeigten Treffer nicht Ihren Erwartungen, sollten Sie eine neue, umformulierte Suchanfrage durchführen.
   - Verwenden Sie hierfür zusätzliche bzw. andere (engere bzw. exaktere) Suchbegriffe.
   - Nutzen Sie gegebenenfalls andere Suchkategorien (z. B. „Schlagwörter" statt „alle Felder").
   - Ändern Sie die Verknüpfung zwischen den Suchbegriffen (verwenden Sie z. B. „und" statt „oder", schließen Sie gegebenenfalls gewisse Themenbereiche mit „nicht" aus).

b) Wenn die Treffer sehr gut zu Ihrem Thema passen, die Suchanfrage also eigentlich gut formuliert war, können Sie in den meisten Fällen auch weitere Eingrenzungen vornehmen. Hierbei stellen Sie dieselbe Suchanfrage noch einmal, schränken die Treffer jedoch ein, zumeist nach formalen Kriterien, z. B.
   - auf Titel aus speziellen Erscheinungsjahren (z. B. wenn Sie vor allem die aktuellen Titel haben möchten),
   - auf Titel in einer speziellen Sprache (z. B. wenn Sie nur an Literatur auf Deutsch interessiert sind),
   - auf spezielle Dokumenttypen (z. B. wenn Sie nur an Zeitschriftenartikeln interessiert sind).

Eine weitere Möglichkeit der Eingrenzung besteht darin, die angezeigten Treffer umzugruppieren bzw. innerhalb einer bestehenden Treffermenge weiterzusuchen.
- Bei vielen Datenbanken können Sie eine *Relevanzsortierung* nutzen. Dann erscheinen – mehr oder minder zuverlässig – die wichtigsten Treffer zuerst. Das Ergebnis solcher Relevanzsortierungen sollten Sie jedoch immer kritisch überprüfen. Kein Datenbankprogramm kann mit letzter Sicherheit entscheiden, welche Titel für Ihre Zwecke die wichtigsten sind.
- Eine andere Form, Teilmengen aus einer umfangreichen Trefferliste zu bilden, bietet die *Drill-Down-Funktion* (s. o. S. 5). Hierbei werden die Datensätze einer Treffermenge automatisch analysiert. Aufgrund des Ergebnisses dieser Analyse werden dann bestimmte formale und inhaltliche Kriterien vorgeschlagen, mit denen sich die ursprüngliche Treffermenge eingrenzen lässt.
- Viele Datenbanken bieten auch eine Suchfunktion an, die es ermöglicht, mit neuen Suchbegriffen innerhalb einer bestehenden Treffermenge zu recherchieren.

Tipp

Schauen Sie sich die Suchoberflächen bzw. die Suchmöglichkeiten von Datenbanken immer in Ruhe an und probieren Sie die verschiedenen Funktionen aus. Verwenden Sie hierbei auch verschiedene Suchbegriffe, Suchkategorien und Verknüpfungen. Die Zeit, die Sie dafür einsetzen, lohnt sich. Ihre Suchresultate werden dadurch sicher besser.

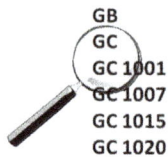

4.3 Wie suche ich in Klassifikationen?

Neben der Recherche mit Suchbegriffen bieten viele Datenbanken auch die Suche über eine *Klassifikation* bzw. eine *Systematik* an. Zumindest auf den ersten Blick ist die Suche über eine Klassifikation allerdings sehr gewöhnungsbedürftig, denn sie entspricht nicht unseren Suchgewohnheiten. Was steckt hinter Kürzeln wie „Spr franz D 66", „ID 3250", „448.2431" oder „17.50" und „18.22", wie sie im Zusammenhang mit Klassifikationen in Titeldaten oft angezeigt werden?

Eine Klassifikation ist ein Ordnungssystem, in dem die verzeichneten Dokumente nach ihren Wissenschaftsgebieten bzw. Themen geordnet sind. Meist sind Klassifikationen hierarchisch angelegt, d. h. die größeren Themengebiete gliedern sich in Untergruppen, die sich ihrerseits wieder in noch feiner definierte Untergruppen gliedern usw. Jede dieser Gruppen umfasst ein genau definiertes Themengebiet (z. B. Grammatik des Französischen) und wird mit einer Zeichenfolge gekennzeichnet, die als „Notation" bezeichnet wird (z. B. ID 3250). Bei manchen Klassifikationen besteht sie aus Ziffern, bei anderen werden Buchstaben und Ziffern kombiniert. Alle Dokumente zu einem bestimmten Thema sind mit derselben Notation erschlossen und über sie auffindbar.

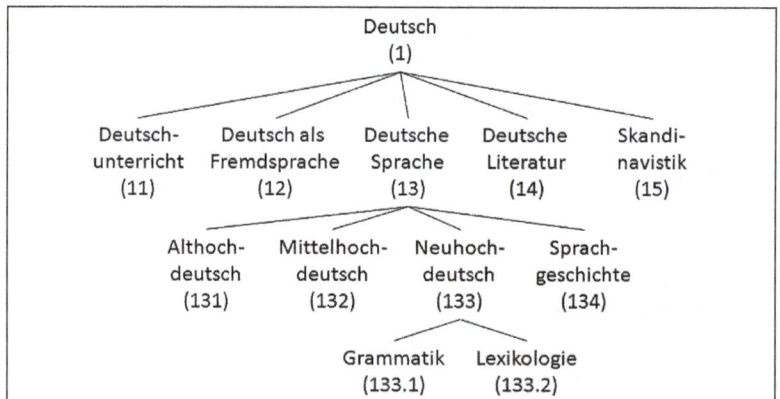

Abb. 17: Vereinfachte Darstellung einer Klassifikation

Eine Suche über die Klassifikation führt häufig zu sehr guten Ergebnissen, u. a. da alle Probleme, die mit der Sprache der Suchanfrage zusammenhängen (Fremdsprachen, Flexionen, Homonyme, Synonyme etc.), hier keine Rolle spielen. Wenn in der Datenbank, die Sie benutzen wollen, eine Klassifikation angeboten wird und vom Aufbau her zu Ihrer Fragestellung passt, sollten Sie diese Form der Suche daher unbedingt nutzen.

Neben der Suche nach einzelnen Notationen bieten moderne Datenbanken fast immer auch die Möglichkeit, sich in einem übersichtlichen Verzeichnis bis zur gewünschten Systemstelle durchzuklicken (thematisches Browsing). Beispielsweise ausgehend von „Romanistik" über die Systemstellen „Französische Sprache und Literatur" → „Französisch" → „Neufranzösisch" → „Grammatik" → „Formenlehre" → „Verb" zu drei Systemstellen, über die sich die Literatur zur Formenlehre der Verben im Neufranzösischen finden lassen: (1) Person und Numerus, (2) Verbalformen und (3) Nominalformen.

Thematisches Browsing

Leider werden in Bibliothekskatalogen, Bibliographien und anderen Datenbanken viele unterschiedliche Klassifikationen verwendet; vor allem in Bibliothekskatalogen finden sich häufig auch Notationen von verschiedenen Klassifikationen.

Die wichtigsten Klassifikationen für die Recherche in den Beständen wissenschaftlicher Bibliotheken des deutschsprachigen Raums sind:

– *die Regensburger Verbundklassifikation (RVK)*
– *die Dewey Decimal Classification (DDC)*
– *die Basisklassifikation (BK)*

Die Notationen dieser (und anderer) Klassifikationen können nicht nur innerhalb der einzelnen Bibliothekskataloge für die Recherche verwendet werden. Über die Online-Angebote *RVK-Online*, *MelvilSearch* und *BibScout* können die Klassifikationen auch sehr komfortabel für die Suche innerhalb einzelner Verbundkataloge genutzt werden (s. o. S. 8).

Fachbibliographien und andere Informationsressourcen verwenden meist eigene *Fachklassifikationen*. Sie sind fast immer wesentlich feiner untergliedert (und stärker auf die Bedürfnisse des einzelnen Wissenschaftsfachs ausgerichtet) als die sogenannten *Universalklassifikationen*, die alle Wissenschaftsfächer umfassen.

Neben dem Durchklicken bis zur gewünschten Systemstelle gibt es noch eine andere Möglichkeit, schnell auf die für das eigene Thema relevanten Notationen zu kommen und diese für die Recherche zu nutzen. Führen Sie einfach zunächst eine Schlagwortsuche zu Ihrem Thema durch und sehen Sie sich die besten Treffer genauer an. Wenn die Datenbank, in der Sie recherchieren, auch eine klassifika-

```
┗⊟ ET Einzelgebiete der Sprachwissenschaft, Sprachbeschreibung
    ┗⊕ ET 100 - ET 180 Grammatik
    ┗⊟ ET 200 - ET 280 Phonetik und Phonologie
        ┗◻ ET 200 Allgemeines, Gesamtdarst. zu Phonetik und Phonologie
        ┗◻ ET 205 Diachrone Phonetik/Phonologie
        ┗⊟ ET 210 Synchrone Phonetik
            ┗⊟ ET 215 Artikulatorische Phonetik
                ┗◻ ET 220 Inhärente Merkmale, Lautklassifizierung
                ┗◻ ET 225 Prosodische (suprasegmentale) Merkmale (Akzent, Intonation)
            ┗⊟ ET 230 Akustische Phonetik
                ┗◻ ET 235 Aufzeichnungsverfahren
                ┗◻ ET 240 Klassifizierung
```

Abb. 18: Thematisches Browsing in der RVK-Online

torische Suche anbietet, werden in den Datensätzen fast immer auch die Notationen der jeweiligen Themengebiete angezeigt (zum Teil als Zeichenfolge, zum Teil als Klartext) und können für die weitere Suche verwendet werden. Meist sind die Notationen in den Datensätzen sogar als aktive Links gestaltet, sie führen zu inhaltlich vergleichbaren Dokumenten.

„Goldkörnchen"

Grundsätzlich sollten Sie die inhaltlichen Erschließungsdaten einzelner Titel, die sehr gut zu Ihrem Thema passen, für die weitere Recherche nutzen. Suchen Sie solche besonders passende Titel („Goldkörnchen"), notieren Sie die angezeigten Schlagwörter und Notationen und verwenden Sie diese für Ihre weiteren Recherchen. Zum Teil genügt ein Mausklick auf die entsprechenden Daten.

Verbale Suchanfragen, also Suchanfragen mit Stich- oder Schlagwörtern, und klassifikatorische Suchanfragen können auch miteinander kombiniert werden. Gerade die Kombination beider Systeme ermöglicht oft die erfolgreichsten Suchanfragen. So ist es in OPACs, die die Basisklassifikation verwenden, z. B. möglich, eine Suche mit dem Stichwort „Morphologie" mit der Notation „18.36" der Basisklassifikation zu kombinieren (18.36 steht für Portugiesische Sprache). So werden nur die Treffer angezeigt, die sich mit der Morphologie in der portugiesischen Sprache beschäftigen, diejenigen, die sich z. B. mit der Morphologie in der englischen oder deutschen Sprache oder in der Biologie beschäftigen, werden jedoch nicht angezeigt.

Alle bisher vorgestellten Suchinstrumente haben ihre eigenen Besonderheiten und ergänzen sich gegenseitig. Daher ist es für die sinnvolle und effektive Nutzung der einzelnen Ressourcen besonders wichtig, sich die Vor- und Nachteile der jeweiligen Angebote immer wieder bewusst zu machen:

Auf einen Blick

- **Bibliothekskataloge** verzeichnen den Medienbestand einer Bibliothek, allerdings werden in der Regel nur selbstständig erschienene Publikationen vollständig nachgewiesen (Bücher und Zeitschriften, keine Aufsätze). Alle in Bibliothekskatalogen verzeichneten Medien sind frei zugänglich bzw. können bestellt werden und stehen in der Regel kurzfristig für die Benutzung bereit.
- **Fachbibliographien** verzeichnen alle wichtigen Publikationen zu einem Wissenschaftsfach oder einem Teilbereich. Nachgewiesen werden sowohl Bücher und Zeitschriften als auch Aufsätze, vielfach auch andere Medientypen. Da der Nachweis der wissenschaftlichen Literatur in Fachbibliographien bestandsunabhängig erfolgt, sich also nicht auf den Bestand einer bestimmten Bibliothek bezieht, muss sich an die Recherche in der Bibliographie eine weitere Recherche nach einem lokal verfügbaren Exemplar oder nach einem zugänglichen elektronischen Volltext anschließen. Bei der Benutzung von (Fach-)Bibliographien ist unbedingt der jeweilige Berichtszeitraum zu beachten.
- **Internetsuchmaschinen** erlauben ihren Nutzern eine sekundenschnelle Recherche nach Online-Publikationen. Hierbei kann nicht nur in den bibliographischen Daten der Dokumente, sondern auch in den Volltexten recherchiert werden. Die Treffer solcher Suchanfragen sind oft sehr aktuell und stehen meist kostenfrei im Volltext zur Verfügung. Probleme bereiten hierbei in vielen Fällen allerdings die große Zahl der Treffer bzw. ihre unterschiedliche inhaltliche Qualität.

Advanced

Neben Bibliothekskatalogen, Fachbibliographien und Suchmaschinen gibt es für die sprachwissenschaftliche Literatur- und Informationsrecherche noch viele weitere Typen von Informationsmitteln, die bisher nicht angesprochen wurden. Im zweiten Teil dieses Buchs sollen spezielle Formen von Bibliographien, Zeitschriftenverzeichnisse, elektronische Volltextausgaben, Virtuelle Fachbibliotheken und Fachportale sowie verschiedene Arten von Nachschlagewerken vorgestellt werden. Darüber hinaus werden in einem eigenen Kapitel auch die Informationsmittel dargestellt, mit denen Sie sich über die Sprache selbst, also den Gegenstand von linguistischer Forschung, informieren können.

5 Bibliographien

Bibliographien

Die linguistischen Fachbibliographien (s. o. S. 12) bilden in der Regel die wichtigste Anlaufstelle für die Suche nach sprachwissenschaftlicher Fachliteratur. Daneben gibt es noch eine Reihe weiterer Typen von Bibliographien. Sie verzeichnen entweder:

– *Publikationen zu einer speziellen Thematik* (z. B. Regional-, Personal- und Spezialbibliographien) oder
– *einzelne Textgattungen und Medienformen* (z. B. Zeitschriftenbibliographien, Rezensionsbibliographien und Bibliographien der Bibliographien) oder
– *Veröffentlichungen aus einem speziellen geographischen Bereich* (z. B. Nationalbibliographien).

Einige der – für die Recherche nach linguistischer Literatur – wichtigsten Typen sollen hier kurz vorgestellt werden; Bibliographien zu Zeitschriften und zur Zeitschriftenliteratur behandelt das folgende Kapitel (s. u. S. 49).

5.1 National- und Regionalbibliographien

5.1.1 Nationalbibliographien

National-
bibliographien

Nationalbibliographien verzeichnen – unabhängig von ihrem Inhalt – alle selbstständigen Veröffentlichungen (also Bücher und Zeitschriften, nicht aber Zeitschriftenaufsätze), die innerhalb eines Staates publiziert werden. Da sie also weder die unselbstständigen Publikationen noch die fachlich wichtigen Publikationen des Auslands berücksichtigen, bilden Nationalbibliographien für Linguisten in der Regel keine zentrale Informationsressource. Sie können beispielsweise verwendet werden, um die wissenschaftsgeschichtliche Entwicklung und Ausprägung einzelner linguistischer Forschungsansätze in einem Land nachzuweisen und ihre Rezeption zu belegen.

In der Regel wird die Nationalbibliographie von der Nationalbibliothek eines Landes erarbeitet. Die wichtigsten Nationalbibliographien von westeuropäischen Ländern sind:

- Deutsche Nationalbibliografie (1913–)
- Das Schweizer Buch (1901–)
- Österreichische Bibliographie (1946–)
- The British National Bibliography (1950–)
- Bibliographie Nationale Française (1811–)
- Bibliografia Nazionale Italiana (1958–)
- Bibliografía Española (1958–)

Da die Deutsche Nationalbibliografie – wie die Nationalbibliographien mancher anderer Länder – relativ spät einsetzt, muss in Deutschland für den Nachweis der älteren Publikationen auf andere Rechercheinstrumente zurückgegriffen werden.

- *Gesamtkatalog der Wiegendrucke* (GW, 1450–1500)
- *Verzeichnis der im deutschen Sprachbereich erschienenen Drucke des 16. Jahrhunderts* (VD 16)
- *Verzeichnis der im deutschen Sprachraum erschienenen Drucke des 17. Jahrhunderts* (VD 17)
- *Digitale Bibliothek Deutscher Drucke des 18. Jahrhunderts* (VD 18, derzeit noch im Aufbau)

Diese Verzeichnisse älterer deutscher Publikationen bieten für die historische Sprachwissenschaft auch den systematischen Zugriff auf Quellentexte zu älteren Sprachstufen des Deutschen.

5.1.2 Regionalbibliographien

Eine grundsätzlich andere Konzeption als Nationalbibliographien weisen Regionalbibliographien auf:

Regionalbibliographien

- Sie verzeichnen nicht die Veröffentlichungen *aus*, sondern die Publikationen *über* eine bestimmte Region, die sogenannte landeskundliche Literatur.
- Sie verzeichnen nicht nur die selbstständig, sondern auch die unselbstständig erschienenen Publikationen, also auch Aufsätze aus Zeitschriften und Sammelbänden.

In der Regel erscheinen die deutschen Regionalbibliographien als Landesbibliographien, die die Literatur zu einem Bundesland verzeichnen (z. B. die *Sächsische Bibliographie*, die *Brandenburgische Bibliographie* etc.); vergleichbare Regionalbibliographien existieren auch zu den meisten österreichischen Bundesländern und schweizerischen Kantonen. Außerhalb des deutschsprachigen Bereichs spielen Regionalbibliographien keine vergleichbare Rolle.

Für Linguisten sind Regionalbibliographien vor allem wichtig bei Fragestellungen, in denen die Sprache bzw. sprachliche Phänomene einer bestimmten Region behandelt werden. So verzeichnet z. B. die *Rheinland-Pfälzische Bibliographie* rund 1300 Dokumente zu den Mundarten in Rheinland-Pfalz und 250 Dokumente zu den rheinland-pfälzischen Ortsnamen. Weitere linguistische Schwerpunkte von Landesbibliographien sind die regionale Sprachgeschichte, aber auch andere auf die Region bezogene Phänomene (z. B. Runen in Schleswig-Holstein).

Ein besonderer Vorteil von Regionalbibliographien besteht in der guten systematischen Erschließung der Titeldaten. Fast immer kann die Literatur zu einzelnen Personen (z. B. Sprachwissenschaftlern), Themenbereichen (z. B. regionalen Dialekten) oder Orten über eine Systematik direkt aufgerufen werden.

Virtuelle Deutsche Landesbibliographie

Eine integrierte Recherche in den wichtigsten deutschen Regionalbibliographien ermöglicht die *Virtuelle Deutsche Landesbibliographie*. Über eine gemeinsame Oberfläche lassen sich hier Suchanfragen entweder an alle oder auch an eine individuelle Auswahl der deutschen Landesbibliographien abschicken. Die verwendete Technologie entspricht derjenigen des Karlsruher Virtuellen Katalogs (s. o. S. 11).

Regionalportale

In vielen Bundesländern gibt es die Tendenz, die Landesbibliographien gemeinsam mit weiteren elektronischen Informationsangeboten im Rahmen von *Regionalportalen* zu bündeln. So bietet z. B. die *Bayerische Landesbibliothek Online* (BLO) den Zugang u. a. zum *Bayerischen Wörterbuch* von Johann Andreas Schmeller und zum *Sprechenden Sprachatlas von Bayern*; *SACHSEN.digital* präsentiert diverse Online-Angebote zur Sprache und Kultur der Sorben (u. a. die Sorbische Bibliographie und zwei deutsch-sorbische Wörterbücher). Einen Überblick über die wichtigsten Angebote in diesem Bereich bietet die Website der *AG Regionalportale Deutschlands*.

5.2 Sprachwissenschaftliche Studien- und Spezialbibliographien

5.2.1 Studienbibliographien

Wenn Sie keine umfassende Literaturrecherche durchführen wollen, sondern Literatur suchen, um sich in ein für Sie neues linguistisches Thema einzuarbeiten, kann es günstig sein, zunächst nicht die großen Fachbibliographien zu verwenden – denn dort werden Sie vermutlich zu viele hochspezialisierte Einzeluntersuchungen finden. Versuchen Sie es zunächst einmal mit einer Studienbibliographie. Hier bekommen Sie einen Überblick über die relevantesten Einführungen, Lexika und Standardwerke zu den einzelnen Themengebieten.

Eine sehr wichtige und anerkannte linguistische Auswahlbibliographie ist die Studienbibliographie Linguistik.

> Hans-Dieter Kreuder: Studienbibliographie Linguistik. Mit einer Bibliographie zur Sprechwissenschaft von Lothar Berger und Christa M. Heilmann. 4., völlig neubearb. und erg. Aufl. Stuttgart: Steiner 2008. 285 S.

Diese Studienbibliographie umfasst einführende und zentrale Titel zur Allgemeinen und Vergleichenden Sprachwissenschaft, in vielen Teilbereichen hat sie jedoch auch einen deutlichen germanistischen Schwerpunkt. Hier finden Sie systematisch gegliedert die wichtigsten deutsch- und englischsprachigen Publikationen zu den verschiedenen linguistischen Teilgebieten.

Eine wichtige Publikationsreihe mit Studienbibliographien zu verschiedenen linguistischen (zum Teil auch germanistischen) Themen sind die *Studienbibliografien Sprachwissenschaft* (StS), die im Auftrag des Instituts für Deutsche Sprache herausgegeben werden. Alle Hefte enthalten neben der Bibliographie eine kurze, verständlich geschriebene Einführung in das jeweilige Thema. Bisher sind 43 solcher linguistischer Auswahlbibliographien erschienen bzw. angekündigt, u. a. zu den Themen:

- Eurolinguistik (43, 2013)
- Elektronische Lexikographie (42, 2013)
- Metaphern (41, 2012)
- Phraseologie (40, 2012)
- Tempus (Band 39, 2011)
- Kollokationen (38, 2011)
- Sprachkultur, Sprachkultivierung, Sprachkritik (37, 2010)

Eine sehr gute Auswahlbibliographie für die wichtigsten Bereiche der germanistischen Linguistik ist die *Erlanger Bibliographie zur germanistischen Sprachwissenschaft*, die von den Mitarbeitern des Lehrstuhls

Studien-
bibliographien

für Germanistische Sprachwissenschaft der Universität Erlangen erarbeitet wird. Verzeichnet werden fast ausschließlich Monographien. Nachdem 1983, 1993, 1999 und 2002 noch Druckausgaben dieser Bibliographie erschienen sind, steht das Verzeichnis seit 2008 als kostenfreie Online-Publikation zur Verfügung. Die Such- und Exportfunktionen sind zwar nur sehr eingeschränkt, allerdings können die Titel über eine Fachsystematik aufgerufen werden und auch bei Stichwortsuchen erfolgt die Trefferanzeige systematisch gegliedert. Insgesamt umfasst die Erlanger Bibliographie zur germanistischen Sprachwissenschaft mehr als 1000 Einträge.

Eine weitere, gedruckte Studienbibliographie für die germanistische Sprachwissenschaft ist:

> Burkhard Schaeder: Studienbibliographie germanistische Linguistik. Frankfurt am Main u. a.: Lang 2005 (Bibliographien zur Literatur- und Mediengeschichte; 9). 122 S.

5.2.2 Spezialbibliographien

Spezial-
bibliographien

Wenn Sie tiefer in die Forschungsliteratur zu einem linguistischen Spezialthema einsteigen wollen, ist es besonders vorteilhaft, wenn zu Ihrer Fragestellung eine Spezialbibliographie existiert. Aufgrund ihrer eingeschränkten Thematik verzeichnen Spezialbibliographien die Literatur zu einem Thema oft nicht nur vollständiger als Fachbibliographien, die nachgewiesene Literatur ist meist auch besser erschlossen.

Während die großen Fachbibliographien heute nahezu ausnahmslos in Form von Online-Datenbanken vorliegen, erscheinen Spezialbibliographien zum Teil online, zum Teil noch in gedruckter Form (meist als abgeschlossene Werke). In beiden Fällen ist auf den exakten Berichtszeitraum zu achten. Für die Zeit vor (und gegebenenfalls auch nach) dem Berichtszeitraum muss weiterhin auf die einschlägigen Fachbibliographien zurückgegriffen werden.

Bei der Vielzahl linguistischer Spezialbibliographien können hier nur wenige Titel vorgestellt werden. Ein Beispiel für eine sprachwissenschaftliche Spezialbibliographie in gedruckter Form ist:

> Herbert Ernst Wiegand: Internationale Bibliographie zur germanistischen Lexikographie und Wörterbuchforschung. Mit Berücksichtigung anglistischer, nordistischer, romanistischer, slavistischer und weiterer metalexikographischer Forschungen. 3 Bde. Berlin, New York: De Gruyter 2006–2007. (Diese Bibliographie umfasst rund 24 000 Titel zu allen Aspekten der Lexikographie.)

Daneben gibt es auch zahlreiche linguistische Spezialbibliographien, die – zum Teil kostenpflichtig, zum Teil kostenfrei – online angeboten werden. Mit der Bibliografie zur deutschen Grammatik, dem Language Materials Project und der Bibliography of Pragmatics sollen drei dieser Angebote kurz vorgestellt werden:

Die *Bibliografie zur deutschen Grammatik* (BdG) wird vom Institut für Deutsche Sprache in Mannheim erstellt und steht kostenfrei online zur Verfügung. Die Bibliographie verzeichnet vor allem Aufsätze, Monographien, Sammelbände und Nachschlagewerke sowie Grammatiken zur deutschen Gegenwartssprache. Der Berichtszeitraum reicht von 1965 bis zur Gegenwart, insgesamt sind rund 30 000 Titel verzeichnet. Die Bibliographie zur deutschen Grammatik zeichnet sich durch sehr gute Suchmöglichkeiten aus; so kann nicht nur nach Autorennamen, Stich- und Schlagwörtern sowie Erscheinungsjahren recherchiert werden, sondern auch nach den untersuchten Sprachen (deutsche Varietäten bzw. Fremdsprachen, deren Grammatik mit der deutschen Grammatik verglichen wird) und Objektwörtern (z. B. „allerdings", „deshalb" und „trotz"). Ausgewählte Treffer können in einer persönlichen Merkliste gespeichert und von dort aus in verschiedenen Formaten exportieren werden.

Neben der Bibliografie zur deutschen Grammatik stellt das Institut für Deutsche Sprache mit der *Bibliografie zur Gesprächsforschung* (BGF, 22 000 Titeldaten) und den *Bibliografie-Datenbanken Konnektoren* und *Präpositionen* weitere umfangreiche Spezialbibliographien zur Verfügung.

Ebenfalls kostenfrei angeboten wird das *UCLA Language Materials Project*, das von der University of California in Los Angeles erarbeitet wird. Gegenstand dieser bibliographischen Datenbank sind Lehr- und Lernmaterialien für selten unterrichtete Sprachen. Verzeichnet werden sowohl Lehrmaterialien (Lehr- und Übungsbücher, Wörterbücher, Grammatiken etc.) als auch Material in der jeweiligen Sprache, soweit es für das Erlernen der Sprache sinnvoll ist. Die nachgewiesenen Lehrmaterialien betreffen mehr als 150 Sprachen, insgesamt sind rund 8000 Titel verzeichnet. Auch das Language Materials Project verfügt über sehr gute Suchmöglichkeiten. So kann u. a. nach den Objektsprachen, nach Materialarten (Grammar, Textbook, Audio, Video etc.) und nach dem Leistungslevel der angesprochenen Lerngruppe recherchiert werden. Für jede behandelte Sprache wird auch eine eigene Profilseite mit einer zugehörigen Linkliste angeboten.

Kostenpflichtig und daher nur über Bibliotheken mit einer entsprechenden Lizenz zugänglich ist die *Bibliography of Pragmatics Online*. Diese Spezialbibliographie behandelt alle Aspekte der linguisti-

Bibliografie zur deutschen Grammatik

Language Materials Project

Bibliography of Pragmatics

schen Pragmatik. Sie enthält sowohl das Titelmaterial einer gedruckten Vorgänger-Bibliographie zur Pragmatik von 1987 als auch die seit-
her erschienenen Titel; insgesamt umfasst sie mehr als 50 000 Titeldaten. Die Inhalte sind nach vielen Kriterien recherchierbar, für einige
Suchkriterien werden auch Register angeboten. Suchergebnisse können per E-Mail verschickt werden. Für den Zugriff auf elektronische
Volltexte können die in den Datensätzen angegebenen URLs und DOIs
(Digital Object Identifier) verwendet werden.

Vom demselben Anbieter sind – mit vergleichbaren Funktionalitäten – auch die *Bibliography of Metaphor and Metonymy* und die *Translation Studies Bibliography* erschienen.

**Personal-
bibliographien**
Eine Sonderform von Spezialbibliographien bilden *Personalbibliographien*. In Personalbibliographien wird die Literatur von und zu einzelnen Personen nachgewiesen. Für die Recherche nach linguistischer
Fachliteratur spielen Personalbibliographien allerdings meist nur eine
untergeordnete Rolle.

Wie Sie – über diese Beispiele hinaus – die für Ihre jeweilige Fragestellung einschlägige Spezialbibliographie finden, wird im folgenden
Abschnitt behandelt.

5.3 Wie finde ich Bibliographien?

**Wie finde ich
Bibliographien?**
Linguistische Spezial- und Personalbibliographien sind in verschiedenen Verzeichnissen nachgewiesen. Die wichtigsten Verzeichnistypen,
die Sie bei der Suche nach Bibliographien verwenden sollten, sind:

- Fachbibliographien
- Nachschlagewerke (Handbücher und Sachlexika)
- Bibliographien der Bibliographien

Fachbibliographien
Gemeinsam mit der aktuellen Forschungsliteratur werden linguistische Spezial- und Personalbibliographien in den sprachwissenschaftlichen *Fachbibliographien* verzeichnet (s. o. S. 12). So umfasst beispielsweise die Bibliography of Linguistic Literature rund 4500 linguistische
Bibliographien, die MLA weist mehr als 30 000 Bibliographien aus
dem Bereich der Sprach- und Literaturwissenschaft nach. Zeitnah finden Sie hier auch die aktuellen Bibliographien.

Nachschlagewerke
Fast immer sind Spezialbibliographien auch in den einschlägigen
Nachschlagewerken nachgewiesen, insbesondere in den umfassenden
linguistischen Handbüchern und Sachlexika, aber auch in sprachwissenschaftlichen Speziallexika (s. u. S. 81). Hier kann es allerdings zu
gewissen zeitlichen Verzögerungen kommen.

Einen eigenen Verzeichnistyp bilden die *Bibliographien der Biblio-* *graphien*. Wie bei den meisten Typen von Bibliographien kann man auch hier zwischen fachbezogenen und allgemeinen (also nicht fachbezogenen) Publikationen sowie abgeschlossenen und periodisch erscheinenden Titeln unterscheiden. Da ihre Inhalte rasch an Aktualität verlieren, ist bei gedruckten Bibliographien der Bibliographien unbedingt auf den Berichtszeitraum zu achten. Wichtige ältere Bibliographien finden sich vor allem in folgenden Werken:

Bibliographien der Bibliographien

> Internationale Bibliographie der Bibliographien 1959–1988. Staatsbibliothek zu Berlin. Hrsg. von Helmut Walravens. 13 Bde. München: Saur 1998–2007. (Der fünfte Band dieses Werkes verzeichnet 13 537 sprach- und literaturwissenschaftliche Bibliographien aus der Zeit von 1959 bis 1987.)

> Schmitter, Peter: Bibliographien zur Linguistik. Nach Themenkreisen ... [und] einem Anhang: Zur Technik der Titelaufnahme. 3. Aufl. Münster: Institut für Allgemeine Sprachwissenschaft der Westfälischen Wilhelms-Universität 1984. 91 S.

Ist eine Spezial- oder Personalbibliographie in Buchform erschienen, also als selbstständige Veröffentlichung, so wird sie natürlich auch in den Bibliotheks- und Verbundkatalogen verzeichnet. Verzeichnisse linguistischer Spezialbibliographien, die online angeboten werden, finden sich auch auf den Websites sprachwissenschaftlicher Institutionen und Organisationen, z. B. beim Institut für Deutsche Sprache in Mannheim und bei LINGUIST List.

6 Zeitschriftenliteratur

Schon immer war die Bedeutung der Zeitschriftenliteratur im sprachwissenschaftlichen Bereich sehr hoch. Vor allem sehr aktuelle Forschungsergebnisse und Arbeiten zu hochspezialisierten Themen werden zumeist in Form von Aufsätzen bzw. Artikeln in wissenschaftlichen Zeitschriften veröffentlicht.

Die Informationsmittel, die sich speziell der Zeitschriftenliteratur widmen, gliedern sich in drei Kategorien:

- *Zeitschriftenverzeichnisse* (Sie verzeichnen nur die Titel der einzelnen Zeitschriften.)
- *Zeitschrifteninhaltsverzeichnisse* (Sie verzeichnen neben den Zeitschriftentiteln auch die Titel der darin enthaltenen Aufsätze.)
- *Volltextdatenbanken* bzw. *Zeitschriftenarchive* (Sie enthalten nicht nur die bibliographischen Daten, sondern auch die Volltexte der verzeichneten Aufsätze.)

6.1 Zeitschriftenverzeichnisse

Da Zeitschriftenverzeichnisse nur die Titel der einzelnen Zeitschriften, nicht aber die der enthaltenen Aufsätze umfassen, sind sie für die thematische Recherche weniger geeignet. Wichtig sind sie vor allem aus zwei Gründen: Zum einen kann man sich durch sie einen guten Überblick darüber verschaffen, welche Zeitschriften es in den einzelnen Wissenschaftsfächern gibt, und zum anderen können sie – wenn sie neben den bibliographischen Daten auch Bestandsnachweise enthalten – Auskunft darüber geben, in welcher Bibliothek sich ein gesuchter Zeitschriftenband befindet.

Die wichtigsten allgemeinen – also nicht auf ein einzelnes Fach bezogenen – Zeitschriftenverzeichnisse in Deutschland sind die Zeitschriftendatenbank und die Elektronische Zeitschriftenbibliothek.

6.1.1 Zeitschriftendatenbank

Die *Zeitschriftendatenbank* (ZDB) ist ein elektronischer Verbundkatalog, in dem mehr als 4300 Bibliotheken aus Deutschland und Österreich sowohl ihre gedruckten als auch elektronischen Zeitschriften verzeichnen. Neben Zeitschriften werden auch Schriftenreihen (Serien) und Zeitungen nachgewiesen. Insgesamt umfasst die Zeitschriftendatenbank mehr als 1,6 Millionen Titeldaten mit mehr als 11,5 Millionen Bestandsnachweisen, also Nachweisen von Bibliotheken, die den entsprechenden Titel besitzen.

Recherchiert werden kann nach verschiedenen Suchkriterien, u. a. nach Titelstichwörtern, herausgebenden Körperschaften, Verlagen, Erscheinungsorten und der ISSN, einer Nummer, über die sich jede Zeitschrift eindeutig identifizieren lässt. Eine sachliche Suche nach Zeitschriften zu einzelnen Fachgebieten ist über das Sondersammelgebiet und die DDC-Notation möglich: Über die Kategorie Sondersammelgebiete kann mit Hilfe von Nummern nach Zeitschriften zu einzelnen Fachbereichen gesucht werden (z. B. 7,11 für Allgemeine und Vergleichende Sprachwissenschaft, Allgemeine Linguistik, 7,20 für Germanistik, 7,24 für Anglistik etc.). Ein Register aller Sondersammelgebiete erleichtert diese Suche. Auch hinter den DDC-Notationen (Dewey Decimal Classification) verbergen sich Zahlen, die einzelne Fachgebiete bezeichnen, z. B. 400 für Sprache und Linguistik, 420 für Englisch, 430 für Deutsch etc. Allein für den Themenbereich „Sprache und Linguistik" (DDC 400) sind in der ZDB mehr als 11 000 Zeitschriften nachgewiesen.

Wie in den „normalen" Verbundkatalogen (s. o. S. 8) finden sich auch in der Zeitschriftendatenbank die Bestandsnachweise in Form einer Liste unterhalb der Titeldaten der Zeitschriften. Da nicht immer alle Bibliotheken alle Jahrgänge einer Zeitschrift besitzen, kann die Anzeige der Besitznachweise über die Eingabe des gesuchten Jahrgangs auf diejenigen Bibliotheken beschränkt werden, die den gewünschten Band tatsächlich besitzen.

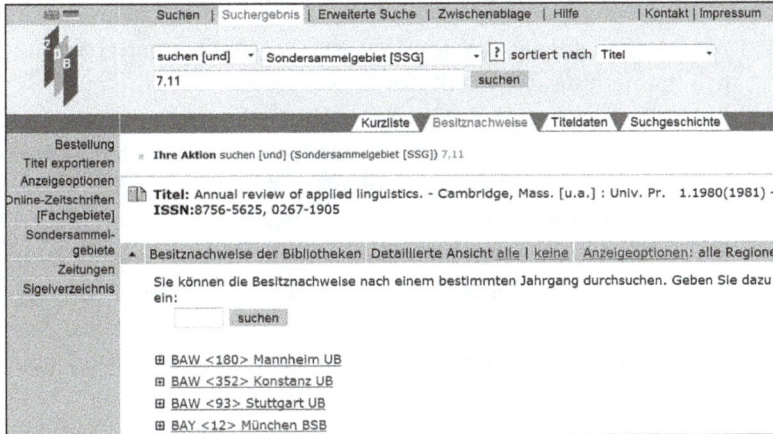

Abb. 19: Suchoberfläche, Titelanzeige und Besitznachweise in der ZDB

In der Zeitschriftendatenbank erhalten Sie den besten Überblick über den Erscheinungsverlauf einer Zeitschrift. Gedruckte und elektronische Ausgaben einer Zeitschrift werden hier separat aufgeführt, sind aber stets miteinander verknüpft; auch auf die Inhalte der Elektronischen Zeitschriftenbibliothek wird verlinkt.

Tipp

6.1.2 Elektronische Zeitschriftenbibliothek

In der *Elektronischen Zeitschriftenbibliothek* (EZB) weisen rund 600 Institutionen, überwiegend aus Deutschland, Österreich und der Schweiz, ihre elektronischen Zeitschriften nach. Die EZB verzeichnet rund 70 000 E-Journals. Auf die Websites der Zeitschriften wird verlinkt.

Anzeigen lassen sich wahlweise der Gesamtbestand (alle in der EZB nachgewiesenen E-Journals) oder die Auswahl einer einzelnen Bibliothek. Diese Auswahl einzelner Bibliotheken erfolgt über den Button „Einstellungen". Die Zeitschriften lassen sich alphabetisch oder

Elektronische Zeitschriften-bibliothek

nach einzelnen Fächern anzeigen (z. B. rund 2000 E-Journals zur Fachgruppe Allgemeine und Vergleichende Sprach- und Literaturwissenschaft, Indogermanistik und außereuropäische Sprachen, rund 900 zur Romanistik). Gesucht werden kann nach formalen Kriterien (Titel, Verlag, ISSN etc.), für die inhaltliche Recherche können auch sachliche Schlagwörter verwendet werden (z. B. „Semantik" oder „Phonetik").

In der EZB sind zwar nur die Titeldaten der verzeichneten E-Journals enthalten, allerdings wird dem Nutzer über ein *Ampelsystem* angezeigt, wie er bei Bedarf an die Volltexte gelangen kann:

1. Zeitschriften mit dem *grünen Ampelsymbol* sind kostenfrei zugänglich (immerhin rund 40 000 der 70 000 verzeichneten).
2. Das *gelbe Ampelsymbol* weist darauf hin, dass die Zeitschrift kostenpflichtig ist, von der ausgewählten Institution jedoch lizenziert wird und über diese benutzt werden kann.
3. Das *rote Ampelsymbol* bezeichnet kostenpflichtige Zeitschriften, die von der ausgewählten Bibliothek nicht lizenziert werden. Ein Zugriff auf diese Titel ist somit über diese Bibliothek nicht möglich. Zugänglich ist in diesen Fällen lediglich die Website der Zeitschrift, allerdings können Sie hier in vielen Fällen auf Titeldaten bzw. auf Abstracts der Aufsätze zugreifen.

Abb. 20: Linguistische E-Journals der UB Heidelberg mit Anzeige der Zugänglichkeit

Wird keine Bibliothek ausgewählt, so werden alle in der EZB enthaltenen Zeitschriften angezeigt. In diesem Fall wird bei der Verfügbarkeit nur zwischen dem grünen und dem roten Symbol unterschieden. Da die Möglichkeiten des Zugriffs auf einzelne E-Journals von Ihrem Standort abhängen (zu Hause, in Bibliothek X, in Bibliothek Y), ist es

in der Regel sinnvoll, bei der Recherche den jeweiligen Standort anzugeben; innerhalb einer Bibliothek erfolgt diese Voreinstellung automatisch (erkennbar am Namen der Bibliothek und am Logo in der
Kopfzeile). Sie können sich aber auch zu Hause oder in der UB Greifs-
wald anzeigen lassen, auf welche Zeitschriften Sie in der UB Tübingen
Zugriff haben.

Ausschließlich kostenfrei zugängliche Zeitschriften verzeichnet
das *Directory of Open Access Journals* (DOAJ). Hier finden sich rund 350
frei zugängliche E-Journals aus der Fachgruppe „Languages and Lite-
ratures" sowie rund 200 elektronische Zeitschriften aus dem Bereich
„Linguistics". Bei der Hälfte der rund 9000 verzeichneten E-Journals
kann auch nach Aufsatztiteln recherchiert werden; insgesamt sind
rund eine Million Aufsätze indexiert.

DOAJ

6.2 Zeitschrifteninhaltsverzeichnisse

Im Gegensatz zu Zeitschriftenverzeichnissen weisen Zeitschrifteninhaltsverzeichnisse auch die Titel der enthaltenen Aufsätze nach; entsprechend umfassen sie wesentlich mehr Datensätze. Während die
Zeitschriftenverzeichnisse vor allem für die Verfügbarkeitsrecherche
eine wichtige Rolle spielen (Wo befindet sich ein Exemplar einer gedruckten Zeitschrift? Wie erhalte ich Zugriff auf elektronische Volltexte?), eignen sich Zeitschrifteninhaltsverzeichnisse sehr gut für die thematische Recherche (Welche aktuellen Zeitschriftenartikel gibt es etwa
zur Pragmalinguistik?).

Zeitschrifteninhalts-
verzeichnisse

Auch bei den Zeitschrifteninhaltsverzeichnissen kann man zwischen allgemeinen und fachbezogenen Angeboten unterscheiden. Mit
der Internationalen Bibliographie der geistes- und sozialwissenschaftlichen Zeitschriftenliteratur, dem Web of Science (Web of Knowledge)
und dem Periodicals Index Online sowie den Online Contents Linguistik und den Linguistic Abstracts sollen im Folgenden drei fachübergreifende und zwei fachbezogene Verzeichnisse vorgestellt werden.

6.2.1 Internationale Bibliographie der geistes- und
   sozialwissenschaftlichen Zeitschriftenliteratur

Die *Internationale Bibliographie der geistes- und sozialwissenschaftlichen Zeitschriftenliteratur* (IBZ, z. T. auch nach ihrem Begründer als
„Dietrich" zitiert), deren gedruckte Vorläufer bis auf das Jahr 1896 zu-
rückgehen, erschließt Zeitschriftenbeiträge aus deutschen und inter-

IBZ Online

nationalen Zeitschriften. Der Berichtszeitraum der Online-Datenbank (IBZ Online) reicht von 1983 bis zur Gegenwart. Insgesamt weist dieses Verzeichnis 3,3 Millionen Artikel aus rund 11 500 Zeitschriften nach; jährlich kommen mehr als 120 000 Nachweise hinzu. Mehr als 250 000 der verzeichneten Zeitschriftenbeiträge entfallen auf das Sachgebiet Sprachwissenschaft.

Für die Recherche stehen verschiedene Suchkriterien zur Verfügung. Für die sachliche Suche sind vor allem die Schlagwörter sehr hilfreich, die parallel in deutscher und englischer Sprache vorliegen.

Besonders vielfältig sind die Möglichkeiten, die bibliographischen Daten der IBZ zu exportieren und weiterzuverarbeiten bzw. Zugang zu den gewünschten Volltexten zu erlangen. Über Buttons am oberen Rand der Titelanzeige lassen sich die bibliographischen Angaben in eine PDF-Datei umwandeln und in dieser Form weiterverarbeiten, ebenso können sie ausgedruckt, auf lokale Datenträger abgespeichert oder per E-Mail verschickt werden. Die Buttons am Ende der Seite erleichtern den Weg von der Titelangabe zum Volltext des gesuchten Aufsatzes: (1) Über den Button *crossref.org* kann mit Hilfe eines *Digital Object Identifiers* (DOI) nach dem Aufsatz gesucht werden. Ein DOI ist eine Zeichenkombination, die ein digitales Objekt, z. B. eine elektronische Publikation, dauerhaft bezeichnet. (2) Über den Button *Open URL* kann in einem von der lokalen Bibliothek definierten Set von Datenbanken (z. B. dem OPAC, dem Verbundkatalog, diversen Volltextdatenbanken etc.) nach dem entsprechenden Zeitschriftenband oder Aufsatz gesucht werden. In diesem Fall spielt es keine Rolle, ob der Aufsatz in einer elektronischen oder in einer gedruckten Fassung vorliegt. (3) Über das *Ampelsymbol* schließlich kann – bei digital publizierten Artikeln – eine Suche nach dem gewünschten Aufsatz in der Elektronischen Zeitschriftenbibliothek (s. o. S. 51) durchgeführt werden. Ob auf den Volltext des gewünschten Aufsatzes direkt zugegriffen werden kann, wird über die entsprechende Ampelfarbe (grün, gelb oder rot) angezeigt.

6.2.2 Periodicals Index Online

Periodicals Index Online

Ein weiteres umfassendes Zeitschrifteninhaltsverzeichnis ist der Periodicals Index Online (PIO). Das Verzeichnis wertet rund 6000 Fachzeitschriften aus dem geistes- und sozialwissenschaftlichen Bereich aus, insgesamt enthält die Datenbank 19 Millionen Artikel. Aufgenommen werden alle Beiträge (auch Rezensionen) vom Beginn des Erscheinens der jeweiligen Zeitschrift bis zur Gegenwart. Rund 420 der ausgewerteten Zeitschriften mit mehr als 1,1 Millionen Beiträgen entfallen auf die Fachgruppe „Linguistik / Philologie".

Recherchiert werden kann mit Titelstichwörtern, nach Autoren, nach Artikeln einzelner Zeitschriften oder nach Artikeln der Zeitschriften einzelner Fachgruppen. Eine inhaltliche Erschließung der einzelnen Zeitschriftenbeiträge – durch Schlagwörter oder eine Klassifikation – findet jedoch nicht statt. Ausgehend von den Treffern im PIO kann über einen Linkresolver nach einem lokalen Exemplar gesucht werden. Steht der Volltext in elektronischer Form zur Verfügung (z. B. im Rahmen von PAO oder JSTOR, s. u. S. 62), so wird direkt darauf verlinkt.

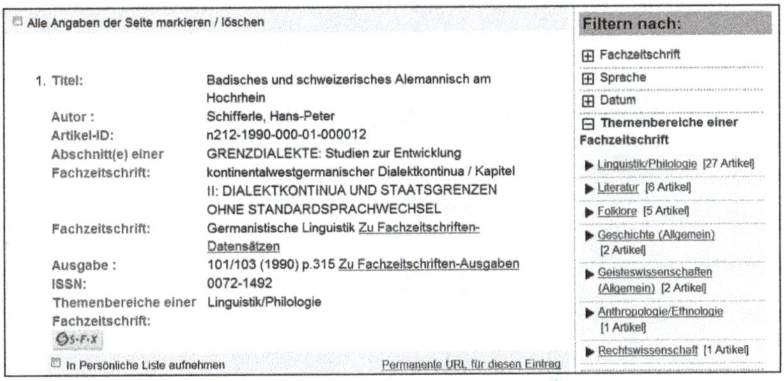

Abb. 21: Titelanzeige mit Linkresolver im PIO

6.2.3 Web of Science

Wie die Internationale Bibliographie der Zeitschriftenliteratur und der Periodicals Index Online ist auch das *Web of Science* (WoS) ein fachübergreifendes Zeitschriftenverzeichnis, das neben seinem immensen Umfang (insgesamt sind rund 50 Millionen Publikationen indexiert) vor allem durch seine vielfältigen Suchmöglichkeiten besticht. Regelmäßig ausgewertet werden 15 000 internationale wissenschaftliche Zeitschriften, darunter rund 190 aus dem Bereich „Language and Linguistics" (95 000 Aufsatztitel entfallen auf das Fachgebiet „Linguistics").

Die innovativen Suchmöglichkeiten ergeben sich aus dem spezifischen Aufbau des Verzeichnisses, das als Zitationsdatenbank angelegt ist; das heißt mit jedem neuen Zeitschriftenaufsatz, der in das Verzeichnis aufgenommen wird, werden auch alle Zitate (Literaturangaben), die darin enthalten sind, indexiert und sind so auch ihrerseits suchbar. Durch die Verbindung der Daten eines Aufsatzes mit denen

Web of Science

der darin enthaltenen Zitate ergeben sich – ausgehend von einem thematisch relevanten Titel – drei Suchmöglichkeiten:

- Die *retrospektive Suche*. Sie zeigt alle (früher erschienenen) Publikationen an, die der gewählte Aufsatz zitiert.
- Die *prospektive Suche*. Sie zeigt alle (später erschienenen) Aufsätze an, die den gewählten Aufsatz zitieren.
- Die *Suche nach verwandten Titeln* (Related Records). Hierbei werden (früher und später erschienene) Titel angezeigt, die zumindest teilweise dieselben Publikationen zitieren wie der ausgewählte Titel. Je größer die Zahl der übereinstimmenden Zitate ist, desto wahrscheinlicher ist ein enger thematischer Zusammenhang.

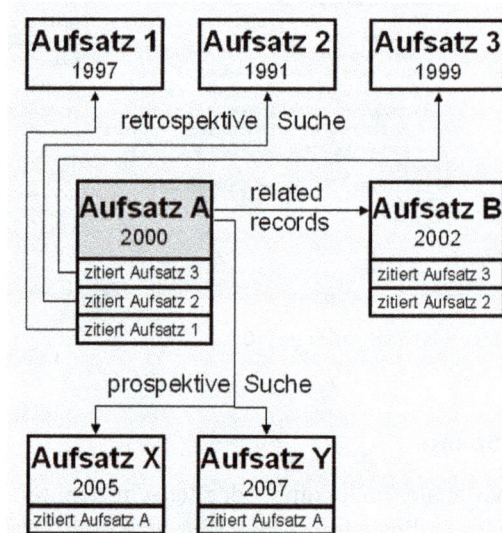

Abb. 22: Suchmöglichkeiten im Web of Science

Citation Map

Mit der Funktion „Citation Map" lassen sich die Zitationsbeziehungen eines Aufsatzes im Web of Science auch graphisch darstellen. Möglich ist die Darstellung der Zitate innerhalb eines Aufsatzes (Backward only), die Darstellung aller Titel, die einen ausgewählten Aufsatz zitieren (Forward only), oder beides. Auf Wunsch lassen sich Zitationsbeziehungen auch bis in die „zweite Generation" darstellen. Hierbei werden nicht nur alle Titel dargestellt, die von einem Aufsatz zitiert werden, sondern zusätzlich auch alle Werke, die von diesen Titeln zitiert werden.

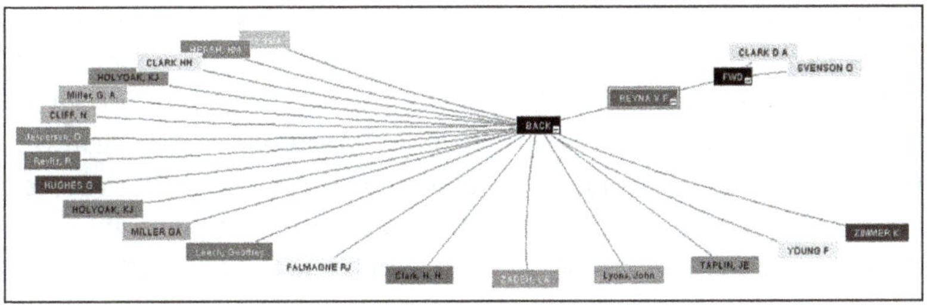

Abb. 23: Graphische Darstellung von Zitationsbeziehungen im WoS

In vielen Bibliotheken wird das Web of Science gemeinsam mit anderen Datenbanken im Rahmen des *Web of Knowledge* (WoK) lizenziert. Auch hier stehen Ihnen alle linguistischen Titeldaten und alle Funktionalitäten zur Verfügung.

Neben den fachübergreifenden Zeitschrifteninhaltsverzeichnissen gibt es aber auch umfassende Angebote, die ausschließlich linguistische Zeitschriften auswerten. Anders als in den allgemeinen Zeitschriftenverzeichnissen werden hier auch Zeitschriften mit sehr speziellen Inhalten ausgewertet.

6.2.4 Online Contents Linguistik und My Current Contents Linguistics

Die *Online Contents Linguistik* (OLC Linguistik, auch Online Contents SSG Linguistik) sind einer von rund 50 fachbezogenen Auszügen der fachübergreifenden Datenbank *Online Contents*, die insgesamt rund 40 Millionen Zeitschriftenbeiträge aus mehr als 25 000 Zeitschriften umfasst.

Die OLC Linguistik umfassen die Inhaltsverzeichnisse von 400 linguistischen Fachzeitschriften ab dem Erscheinungsjahr 1993. Der Datenbestand umfasst derzeit rund 220 000 Titeldaten (überwiegend Zeitschriftenartikel und Rezensionen). Die Suche ist über verschiedene Kategorien möglich; Suchbegriffe und Suchkategorien lassen sich mit Hilfe der Booleschen Operatoren kombinieren (s. o. S. 2). Eine inhaltliche Erschließung der Titeldaten mit Schlagwörtern findet allerdings nicht statt.

Auf Zeitschriftenbeiträge, die in einer elektronischen Fassung vorliegen, wird über die Elektronische Zeitschriftenbibliothek verlinkt. Das Ampelsymbol bei den bibliographischen Daten zeigt Ihnen sofort an, ob Sie Zugang zu dem entsprechenden Volltext haben (grünes oder gelbes Symbol) oder nicht (rotes Symbol). Unter der Anzeige der Aufsatzdaten findet sich eine Liste der hessischen Bibliotheken (HeBIS-Verbund), die den Zeitschriftenband besitzen, in dem sich der ange-

Online Contents
Linguistik

zeigte Beitrag befindet. Für einen Gesamtnachweis der Bestände im deutschsprachigen Raum müssen Sie nach dem entsprechenden Zeitschriftenband in der Zeitschriftendatenbank recherchieren. Sollten Sie keinen Zugriff auf einen elektronischen Volltext oder einen lokal verfügbaren Zeitschriftenband haben, können Sie über den Button *Bestellen via @subito* eine Dokumentlieferung des gewünschten Aufsatzes an Ihre Privatadresse veranlassen (zu subito s. u. S. 124).

Abb. 24: Titelanzeige in den Online Contents Linguistik

Über den Button *Inhaltsverzeichnis* lässt sich der gesamte Inhalt des Zeitschriftenhefts anzeigen, in dem der Aufsatz gedruckt ist; *Alle Aufsätze* führt zu allen Beiträgen, die seit 1993 in dieser Zeitschrift erschienen sind, und *Alle Hefte* bietet einen Überblick über den Erscheinungsverlauf der Zeitschrift.

Aufgrund der Vielzahl der ausgewerteten linguistischen Fachzeitschriften, der aktuellen Inhalte und vielfältigen Möglichkeiten für den Zugriff auf die Volltexte sind die Online Contents Linguistik ein wichtiges Rechercheinstrument, das Sie bei der Suche nach aktueller sprachwissenschaftlicher Zeitschriftenliteratur unbedingt berücksichtigen sollten.

My Current Contents Linguistics

Über den Dienst *My Current Contents Linguistics* (myCCL) können Sie die Inhaltsverzeichnisse der 400 von Online Contents Linguistik ausgewerteten linguistischen Fachzeitschriften per E-Mail im Abonnement beziehen.

Um diesen Dienst, der vom Hessischen Bibliotheksverbund HeBIS angeboten wird, nutzen zu können, müssen Sie sich zunächst mit Ihrer Mailadresse und einem individuellen Passwort bei myCCL registrieren. Durch Markieren der entsprechenden Titel können Sie nun die Zeitschriften auswählen, für deren Inhalte Sie sich interessieren. Sobald ein neu erschienenes Zeitschriftenheft für die Datenbank indexiert wurde, bekommen Sie die Titeldaten der entsprechenden Aufsätze per Mail zugeschickt. Sehr leicht und unkompliziert können Sie sich mit diesem kostenfreien Service über die aktuellen Inhalte wichtiger linguistischer Kernzeitschriften oder der Zeitschriften zu Ihren Forschungsinteressen informieren.

Vergleichbare Zeitschrifteninhaltsverzeichnisse zu den Sprach- und Literaturwissenschaften einzelner Philologien bieten die *Online Contents Germanistik*, die *Online Contents Anglistik*, die *Online Contents Frankreichkunde und Allgemeine Romanistik* sowie die *Online Contents Ibero-Amerika, Spanien und Portugal*. So verzeichnet die Datenbank *Online Contents Germanistik* rund 180 000 Zeitschriftenbeiträge aus mehr als 150 germanistischen Fachzeitschriften.

Weitere Ausgaben der Online Contents

Auch zu weiteren Regionen stehen entsprechende Angebote zur Verfügung, u. a. zu den Baltischen Ländern, Afrika sowie Asien und Nordafrika. Weitere Inhalte, die für Sprachwissenschaftler von Interesse sind, enthält das Angebot *Online Contents Medien- und Kommunikationswissenschaften*. Alle einzelnen Ausgaben der Online Contents sind bezüglich der Datenstruktur sowie der Möglichkeiten der Recherche und des Datenexports ähnlich aufgebaut.

6.2.5 Linguistics Abstracts

Im Gegensatz zu den Online Contents Linguistik verzeichnen die *Linguistics Abstracts* (Labs) nicht alle Beiträge, die in den ausgewerteten Zeitschriften erscheinen, sondern nur die Aufsätze und auch diese zum Teil nur in Auswahl. Allerdings bieten sie – daher auch der Name dieser Bibliographie – zu allen verzeichneten Aufsätzen ein kurzes englisches Abstract, das die Themenstellung und die Ergebnisse der Arbeit zusammenfasst (im Englischen spricht man von einem *Abstracting Journal*). Zum großen Teil werden die Abstracts hierbei aus den Fachzeitschriften bzw. von den Autoren der verzeichneten Artikel übernommen (gezeichnet mit dem Kürzel AU für Author, z. T. sind diese Abstracts auch leicht verändert), nur zu einem geringen Teil werden die Abstracts eigens für die Linguistics Abstracts verfasst (gezeichnet mit den Initialen des Verfassers des Abstracts).

Linguistics Abstracts

Inhaltlich liegt der Schwerpunkt der Linguistics Abstracts auf der Allgemeinen und Vergleichenden Sprachwissenschaft, die Linguistik der Einzelsprachen findet nur geringere Berücksichtigung. Die Druckausgabe der Linguistics Abstracts erscheint seit 1985, jährlich erscheinen vier Hefte. Da die verzeichneten Aufsätze – und damit auch die Abstracts – in 19 thematische Fachgruppen untergliedert sind (Semantics, Phonetics, Sociolinguistics, Neurolinguistics etc.), kann man durch die Lektüre der Linguistics Abstracts leicht den Überblick über die wichtigsten aktuellen Aufsatzpublikationen zu einem linguistischen Fachgebiet gewinnen.

Neben der Druckausgabe sind die Inhalte dieses Verzeichnisses auch über eine lizenzpflichtige Online-Ausgabe zugänglich (Linguistics Abstracts Online, auch LAO). Diese Datenbank enthält die gesamten Daten der Druckausgabe, und somit Titeldaten und Abstracts zu mehr als 72 000 Aufsätzen aus rund 600 linguistischen Fachzeitschriften. Obwohl die Online-Ausgabe eine Vielzahl komfortabler Recherchemöglichkeiten bietet, u. a. eine Volltextsuche in den Abstracts sowie eine Suche mit den Zeichen des Internationalen Phonetischen Alphabets (IPA) und mit diakritischen Zeichen, steht sie im deutschsprachigen Raum nur in sehr wenigen Bibliotheken zur Verfügung. In der Regel müssen Sie auf die Druckausgabe zurückgreifen.

03/R/109

Fahnestock, Jeanne. 2003. Verbal and visual parallelism. *Written Communication*. 20 (2): 123-152.

This study investigates the practice of presenting multiple supporting examples in parallel form. The elements of parallelism and its use in argument were first illustrated by Aristotle. Although real texts may depart from the ideal form for presenting multiple examples, rhetorical theory offers a rationale for minimal, parallel presentation. The form for presenting data can also influence the way it is observed and selected, as the case of the Linnaean template for species grouping illustrates. Parallel presentation is not limited to verbal phrasing. Arranging data in tables, typical in scientific discourse, satisfies the same requirements for minimal, equivalent presentation of evidence. Arranging representational or iconic images in rows or arrays is yet another mode for the parallel presentation of evidence, although this mode has a recent history. A cognitive rationale can perhaps explain the use of parallelism to present multiple supporting examples.

AU

Abb. 25: Titeldatensatz aus den Linguistic Abstracts

Hinweis

Im Gegensatz zu den eingangs dieses Kapitels behandelten *Zeitschriftenverzeichnissen* (ZDB und EZB) weisen die *Zeitschrifteninhaltsverzeichnisse* auch die Titeldaten der in den Zeitschriften enthaltenen Aufsätze nach. Zum Teil werten sie die Inhalte linguistischer Fachzeitschriften hierbei vollständig aus, zum Teil präsentieren sie nur eine Auswahl der Beiträge. Einige Zeitschrifteninhaltsverzeichnisse bieten über die bibliographischen Daten der indexierten Aufsätze hinaus auch noch kurze Abstracts (zum Teil für das gesamte Material, zum Teil nur für einzelne Titel). Was Zeitschrifteninhaltsverzeichnisse jedoch nicht enthalten, sind die Volltexte der verzeichneten Aufsätze. Diese Volltexte finden sich in den sogenannten *Volltextdatenbanken* und in den *Zeitschriftenarchiven*.

6.3 Volltextdatenbanken und Zeitschriftenarchive

Als Volltextdatenbanken und Zeitschriftenarchive bezeichnet man Verzeichnisse, die neben den bibliographischen Daten der Aufsätze auch die Volltexte der verzeichneten Werke enthalten. Aus diesem Grund bieten sie – im Gegensatz zu Zeitschrifteninhaltsverzeichnissen – den direkten Zugriff auf die gewünschten Texte. In der Regel lassen sich die Volltexte ausdrucken, auf lokale Datenträger abspeichern, z. T. auch per E-Mail verschicken. Neben der unmittelbaren Verfügbarkeit der Volltexte besteht ein weiterer, wichtiger Vorteil dieser Volltextangebote darin, dass Sie hier in vielen Fällen nicht nur nach den bibliographischen Daten recherchieren, sondern auch innerhalb der Volltexte nach Stichwörtern suchen können, was zu wesentlich mehr Treffern führt.

Da Volltextdatenbanken und Zeitschriftenarchive jedoch meist kostenpflichtig sind, stehen sie nicht an allen Bibliotheken in gleichem Umfang zur Verfügung. Einen Überblick über das Angebot Ihrer Bibliothek bietet Ihnen in den meisten Fällen DBIS (s. o. S. 31), erkundigen Sie sich auch an der Auskunftsstelle Ihrer Bibliothek.

Neuere Zeitschriftenartikel finden Sie vor allem in den großen *Volltextdatenbanken* einzelner Anbieter, z. B. bei *Swets*, (51 Millionen Dokumente), *SpringerLink* (6 Millionen) und *SciVerse ScienceDirect* (12 Millionen). Die Suchmöglichkeiten dieser Angebote sind sehr gut, auch eine Volltextsuche in allen enthaltenen Aufsätzen ist möglich. Diese Plattformen bieten zwar eine immense Zahl an Volltexten – auch aus den aktuellen Ausgaben der Fachzeitschriften –, allerdings liegen ihre thematischen Schwerpunkte stärker im technisch-naturwissenschaftlichen Bereich. **Volltextdatenbanken**

Umfangreiche sprachwissenschaftliche Inhalte weisen häufig die *Zeitschriftenarchive* auf, allerdings bleiben in diesen Angeboten die aktuellsten Ausgaben in der Regel ausgespart. Wichtige Inhalte zur Allge- **Zeitschriftenarchive**

meinen und Vergleichenden Sprach- und Literaturwissenschaft enthalten vor allem die Zeitschriftenarchive Periodicals Archive Online, JSTOR und – quantitativ deutlich eingeschränkter – das deutsche Angebot DigiZeitschriften.

PERIODICALS
ARCHIVE
ONLINE

Eines der wichtigsten Zeitschriftenarchive im Bereich der Geistes- und Sozialwissenschaften ist das *Periodicals Archive Online* (PAO). Es umfasst ca. 5,5 Millionen Beiträge aus rund 1000 Fachzeitschriften, darunter rund 70 Zeitschriften zur Philologie und Linguistik (ca. 240 000 Beiträge), u. a. „Language and Speech", „Sprachtypologie und Universalienforschung" und „Zeitschrift für germanistische Linguistik". In den meisten Fällen sind die Inhalte der berücksichtigten Zeitschriften vom Beginn ihres Erscheinens bis zum Erscheinungsjahr 1995 komplett zugänglich. Die Volltexte stehen in Form von TIFF- und PDF-Dateien zur Verfügung, sie können ausgedruckt und abgespeichert werden.

Das Periodicals Archive Online wird in Deutschland als Nationallizenz erworben und steht daher in allen wissenschaftlichen Bibliotheken zur Verfügung (auch Einzelpersonen können einen kostenfreien Zugang beantragen). Insofern kann man über dieses Zeitschriftenarchiv in vielen Fällen schnell auf einen gesuchten Zeitschriftenartikel zugreifen. Da das Archiv die Inhalte der Zeitschriften jedoch meist nur bis 1995 enthält – aus Sicht der linguistischen Forschung ist das schon eine kleine Ewigkeit –, stehen aktuelle sprachwissenschaftliche Forschungsergebnisse hier leider nicht zur Verfügung. Und auch inhaltlich findet beispielsweise die Literaturwissenschaft in Periodicals Archive Online erheblich mehr Berücksichtigung als die Linguistik.

Nach dem Prinzip der sogenannten *Moving Wall* arbeitet das US-amerikanische Zeitschriftenarchiv *JSTOR*. In diesem Fall endet der Berichtszeitraum nicht an einem bestimmten Punkt, sondern er wird – mit einer definierten Lücke bis zur Gegenwart – immer wieder verlängert, die jeweils letzten Jahrgänge bleiben zunächst unberücksichtigt. Bei einer Moving Wall von fünf Jahren wird z. B. im Jahr 2013 der Jahrgang 2008 und im Jahr 2014 der Jahrgang 2009 in die Datenbank aufgenommen. Auf diese Weise wird gewährleistet, dass das Zeitschriftenarchiv keine Konkurrenz für den Absatz der aktuellen Zeitschriftenhefte darstellt. Die Moving Wall ist nicht in allen Fällen einheitlich, zumeist beträgt sie rund fünf Jahre.

JSTOR umfasst die Inhalte von rund 1500 wissenschaftlichen Zeitschriften, rund sieben Millionen Zeitschriftenbeiträge stehen im Volltext zur Verfügung. Für den Bereich „Linguistics" sind die Inhalte von mehr als 40 sprachwissenschaftlichen Zeitschriften enthalten, darunter viele Kernzeitschriften wie „Historische Sprachforschung", „Journal of Linguistics", „Language" und „La Linguistique". In geringerem Umfang finden sich sprachwissenschaftliche Inhalte auch in den Zeitschriften der Kategorie „Language & Literature" (rund 290 Titel) und in den Titeln der regionalen Sammlungen (African Studies, Asian Studies, British Studies etc.).

Besonders hervorzuheben sind die vielfältigen Suchmöglichkeiten (u. a. in Volltexten und Zitaten) sowie die Möglichkeiten der Sucheingrenzung (Drill-Down) und des Datenexports.

Wie JSTOR arbeitet auch das deutsche Zeitschriftenarchiv *DigiZeitschriften*, das von 14 deutschen Bibliotheken gemeinsam angeboten wird, nach dem Prinzip der Moving Wall. Zwar ist das Gesamtangebot dieser Datenbank wesentlich kleiner als das seines amerikanischen Pendants, allerdings enthält DigiZeitschriften einige deutschsprachige Kernzeitschriften aus dem Bereich der germanistischen, anglistischen und romanistischen Sprach- und Literaturwissenschaft (insgesamt rund 1200 Zeitschriftenbände), u. a. „Beiträge zur Geschichte der Deutschen Sprache und Literatur", „Anglia. Zeitschrift für englische Philologie" sowie die „Zeitschrift für romanische Philologie". Die Moving Wall, also die Lücke bis zu den aktuellen Heften der enthaltenen Zeitschriften, beträgt bei DigiZeitschriften durchschnittlich drei Jahre. Der urheberrechtsfreie Teil der Inhalte wird kostenfrei angeboten; für die Nutzung des Gesamtbestands ist eine Lizenz nötig.

DigiZeitschriften

7 Bibliotheken – real, digital und virtuell

Nach wie vor sind Bibliotheken die wichtigsten Institutionen für die Literatur- und Informationsversorgung von Sprachwissenschaftlern. Zum Teil schon seit mehreren Jahrhunderten sammeln reale Bibliotheken Bücher und andere Medien, katalogisieren und archivieren diese und stellen sie den Benutzern zur Verfügung.

Umfassten die Bestände der Bibliotheken bis vor Kurzem vor allem Printmedien, so treten heute, gerade im wissenschaftlichen Bereich, die elektronischen Medien immer stärker in den Vordergrund. Diese werden entweder von einzelnen Bibliotheken als digitale Sammlungen zur Verfügung gestellt oder können im Rahmen von „Digitalen Bibliotheken" kostenlos von jedermann auch ohne Anbindung an eine reale Bibliothek genutzt werden. Eine weitere Entwicklung bilden die „Virtuellen Bibliotheken"; hierbei handelt es sich um Fachportale, die sich bemühen, ihren Nutzern alle einschlägigen Publikationen und Informationen zu einem Fachgebiet – unabhängig von ihrer medialen Erscheinungsform – zugänglich zu machen.

7.1 Bibliotheken und ihre Angebote für Linguisten

Erste Anlaufstelle bei der Literaturrecherche für Studierende und Dozenten ist in der Regel die lokale Fakultäts- oder Universitätsbibliothek. Fast alle großen Universitätsbibliotheken verfügen heute über einen reichen Bestand an sprachwissenschaftlicher Fachliteratur, der für Studienzwecke in der Regel ausreicht. Über einen noch größeren Bestand an internationaler Forschungsliteratur verfügen die großen Staats- und Landesbibliotheken, einige Fach- und Forschungsbibliotheken sowie einschlägige Spezialbibliotheken. Eine besondere Rolle für die überregionale Literaturversorgung in Deutschland spielen die sogenannten *Sondersammelgebietsbibliotheken*.

Sondersammel-
gebietsbibliothek

webis

Bereits 1949 wurde von der Deutschen Forschungsgemeinschaft (DFG) das System der Sondersammelgebietsbibliotheken (SSG-Bibliotheken) eingeführt, um die Versorgung mit internationaler Forschungsliteratur in Deutschland zu verbessern. Für jedes Wissenschaftsfach wird von der DFG eine Bibliothek ausgewählt und finanziell unterstützt, die die Literatur zu diesem Fach besonders intensiv sammelt. Die SSG-Bibliothek für Linguistik (Allgemeine und Vergleichende Sprachwissenschaft, Allgemeine Linguistik) ist die UB Frankfurt am Main, die auch das SSG Germanistik, Deutsche Sprache und Literatur betreut. Das SSG Anglistik wird von der SUB Göttingen, das SSG Romanistik von der ULB Bonn betreut. Einen umfassenden Überblick über alle SSGs und sonstigen Sammelschwerpunkte gibt das Portal „webis – Sammelschwerpunkte an deutschen Bibliotheken".

Über die Bereitstellung von Medien hinaus bieten Universitätsbibliotheken (z. T. auch andere wissenschaftliche Bibliotheken) ihren Nutzern noch eine Vielzahl von Services, um sie in ihrer wissenschaftlichen Arbeit zu unterstützen:

- Zentrale Studienliteratur (z. B. Einführungen und Handbücher) wird sehr häufig in Mehrfachexemplaren beschafft und in den *Lehrbuchsammlungen* freihand zugänglich aufgestellt.
- Publikationen, die für eine Lehrveranstaltung von zentraler Bedeutung sind, werden aus dem „normalen" Bestand genommen und separat als sogenannter *Semesterapparat* aufgestellt. Für die Dauer des gesamten Kurses können diese Werke dann nur in der Bibliothek benutzt werden. Viele Bibliotheken sind bereits dazu übergegangen, diese Werke zu digitalisieren und im Rahmen von *elektronischen Semesterapparaten* anzubieten.
- Auf ihrer Website bieten fast alle UBs – und andere wissenschaftliche Bibliotheken – Einstiegspunkte, über die zentrale Informationen zu einem Fach auffindbar sind. Auf diesen *Fachinformationsseiten* finden sich neben Links zu Quellen und Datenbanken in der

Regel auch Termine von Schulungsveranstaltungen und Kontakt-
daten von Ansprechpartnern.

– Umfassende *Schulungsprogramme* bieten den Nutzern Einführungen in die Bibliotheksbenutzung, fachspezifische Einführungs-
veranstaltungen, Datenbankschulungen und Rechercheübungen.
Die Teilnahme an solchen Veranstaltungen ist sehr zu empfehlen.
Sprechen Sie die Mitarbeiterinnen und Mitarbeiter in Ihrer Bibliothek darauf an.

– *Online-Tutorials* und andere elektronische Informationsangebote
zu Datenbanken und Recherchetechniken können individuell oder
begleitend zu einer Schulungsveranstaltung genutzt werden (*Blended Learning*).

Neben diesen Angeboten, die sich vor allem an die lokalen Nutzer richten, erarbeiten einige Bibliotheken Angebote und Dienstleistungen,
die weit über die genannten Punkte hinausreichen. Diese Services werden in der Regel online angeboten und stehen somit auch Studierenden und Fachwissenschaftlern aus der ganzen Welt zur Verfügung.

In Deutschland werden solche Services von überregionaler Bedeutung im Bereich der Allgemeinen und Vergleichenden Sprachwissenschaft vor allem von der Deutschen Nationalbibliothek in Leipzig und
Frankfurt, von der Universitätsbibliothek Frankfurt am Main, den großen Staatsbibliotheken in Berlin und München sowie von der Bibliothek des Instituts für Deutsche Sprache in Mannheim erarbeitet und
angeboten. Für die anglistische und romanistische Linguistik übernehmen die Sondersammelgebietsbibliotheken in Göttingen und Bonn
wichtige Aufgaben. Diese Bibliotheken mit herausragenden sprachwissenschaftlichen Beständen sowie ihre Leistungen und Angebote
für Linguisten sollen im Folgenden kurz vorgestellt werden.

Nationalbibliotheken sammeln und erschließen die nationale   **Nationalbibliotheken**
Buchproduktion ihrer Länder mit größtmöglicher Vollständigkeit. Oft
profitieren sie hierbei von einem sogenannten Pflichtexemplarrecht;
Verleger sind in diesem Fall gesetzlich verpflichtet, von jeder Veröffentlichung eine bestimmte Anzahl von Exemplaren kostenfrei an die
Nationalbibliothek zu liefern. Oft umfasst die Pflichtablieferung heute
auch schon die elektronischen Veröffentlichungen. Neben dem OPAC
wird dieses Titelmaterial auch in den entsprechenden Nationalbibliographien verzeichnet (s. o. S. 42).

Da ein Großteil der linguistischen Literatur zu den Einzelsprachen
bis heute in den entsprechenden Sprachen erscheint, sind die Kataloge und Nationalbibliographien der großen Nationalbibliotheken auch
für Sprachwissenschaftler wichtige Informationsressourcen. Für den

**DEUTSCHE
NATIONAL
BIBLIOTHEK**

deutschen Sprachbereich ist hier vor allem die *Deutsche Nationalbibliothek* (DNB) zu nennen, daneben auch die *Österreichische Nationalbibliothek* in Wien (ÖNB) und die *Schweizerische Nationalbibliothek* in Bern. Für die anglistische Sprachwissenschaft sind insbesondere die *British Library* (BL) und die amerikanische *Library of Congress* (LoC) zentrale Nationalbibliotheken, für die romanistische Sprachwissenschaft vor allem die *Bibliothèque nationale de France* (BnF), die *Biblioteca Nazionale Centrale* in Florenz (BNCF) und in Rom (BNCR), die *Biblioteca Nacional de España* in Madrid sowie die *Biblioteca Nacional de Portugal* in Lissabon.

Die Österreichische Nationalbibliothek verfügt über eine besonders reiche Sammlung an Literatur zu Esperanto und anderen Plansprachen. Ein Teil dieser Materialien – insgesamt rund 35 000 Bücher, 2500 Zeitschriften, 3000 museale Objekte, 2000 Handschriften, 23 000 Fotos sowie 1100 Plakate und 40 000 Flugschriften – wird in einer Dauerausstellung in einem eigenen *Esperantomuseum* präsentiert. Zugang zur gesamten Sammlung bietet der Online-Katalog *Trovanto*, dessen Sacherschließungsdaten auf Deutsch und Esperanto vorliegen.

SSG Linguistik

SSG Germanistik

Die umfangreichsten deutschen und internationalen Bestände zur Allgemeinen und Vergleichenden Sprachwissenschaft (und zur germanistischen Sprachwissenschaft) seit dem Zweiten Weltkrieg bietet in Deutschland die **Universitätsbibliothek Johann Christoph Senckenberg in Frankfurt am Main**. Sie ist die Sondersammelgebietsbibliothek sowohl für Allgemeine und Vergleichende Sprachwissenschaft/Allgemeine Linguistik als auch für Germanistik/Deutsche Sprache und Literatur, somit erwirbt sie auch die ausländische Fachliteratur zu diesen Fachgebieten besonders intensiv. Allein im Fachbereich Allgemeine Linguistik/Allgemeine und Vergleichende Sprachwissenschaft hält sie über 600 laufende Zeitschriften und erwirbt jährlich rund 1900 Monographien und Sammelwerke. In monatlichen Neuerwerbungsverzeichnissen informiert die UB Frankfurt über diese Materialien. Auf der Grundlage ihrer herausragenden Bestände erstellt sie die Bibliography of Linguistic Literature sowie die Bibliographie der Deutschen Sprach- und Literaturwissenschaft (BLL und BDSL, s. o. S. 16). Darüber hinaus ist die UB Frankfurt an der Bereitstellung der Online Contents Linguistik (s. o. S. 57) und der Virtuellen Fachbibliothek Linguistik beteiligt (s. u. S. 73).

SSG Anglistik

Die Sondersammelgebietsbibliothek für die Anglistik ist die **Staats- und Universitätsbibliothek Göttingen**. Besonders intensiv sammelt sie die internationalen Publikationen zur Anglistik, Amerikanistik sowie zum anglophonen Kulturraum insgesamt. Informieren können Sie sich über diesen Bestand durch monatliche Neuerwerbungsverzeichnisse, die sich thematisch einschränken und als Alert beziehen lassen. Ein wichtiges Angebot der SUB Göttingen ist die Virtuelle Fachbibliothek zur Sprache und Literatur des angloamerikanischen Kulturraums: Vlib AAC Literature (s. u. S. 75). Darüber hinaus ist sie beteiligt an der Erstellung der Online Contents Anglistik (Nachweis von rund 270 000 Beiträgen aus rund 430 Zeitschriften, s. o. S. 59).

Die Sondersammelgebiete Allgemeine Romanistik, Französische Sprache und Literatur sowie Italienische Sprache und Literatur werden von der **Universitäts- und Landesbibliothek Bonn** betreut. Auch hier können die Neuerwerbungen zur Romanistik über monatliche Verzeichnisse bezogen werden. Gemeinsam mit der Bayerischen Staatsbibliothek bietet die ULB Bonn auch die Virtuelle Fachbibliothek für den romanischen Kulturkreis Vifarom an (s. u. S. 75) und ist an der Erstellung der Online Contents Frankreichkunde und Allgemeine Romanistik beteiligt (Nachweis von rund 1,2 Millionen Beiträgen aus rund 1000 Zeitschriften s. o. S. 59).

Weitere Bibliotheken mit umfassenden Beständen und Services für die romanistische Sprachwissenschaft sind die SUB Hamburg (Spanien und Portugal), das Ibero-Amerikanische Institut – Preußischer Kulturbesitz in Berlin (Ibero-Amerika) und die Bayerische Staatsbibliothek (Rumänien).

Die großen Staatsbibliotheken in Berlin und München verfügen beide über umfangreiche Bestände zur Allgemeinen und Vergleichenden Sprachwissenschaft. Besonders hervorzuheben sind in beiden Fällen die reichen Altbestände, der große Anteil der internationalen Forschungsliteratur (auch aus entlegeneren Gebieten) und die umfassenden Sammlungen aus den regionalen Sondersammelschwerpunkten Osteuropa, Orient und Ostasien.

Die **Staatsbibliothek zu Berlin – Preußischer Kulturbesitz** betreut u. a. die Sondersammelgebiete Slawistik (mit dem Slavistik-Portal) und Ost- und Südostasien (mit der Virtuellen Fachbibliothek Cross-Asia). Eine weitere linguistische Sondersammlung ist die Esperanto-Sammlung, die thematisch auch andere Plansprachen und die Interlinguistik umfasst.

Die **Bayerische Staatsbibliothek** in München betreut u. a. die Sondersammelgebiete Klassische Altertumswissenschaft (mit Klassischer Philologie), Byzantinistik, Ost-, Ostmittel- und Südosteuropa, Rumänische Sprache und Literatur, das neuzeitliche Griechenland sowie Albanien. Als zentrale Bayerische Landesbibliothek sind auch die bairischen und fränkischen Mundarten ein wichtiger Sammelschwerpunkt der BSB. Führend ist die Bayerische Staatsbibliothek im Bereich digitaler Angebote. Im Rahmen ihrer Digitalen Sammlungen stellt sie

SSG Romanistik

SSG Slawistik

SSG Ost- und Südostasien

SSG Klassische Philologie

rund eine Million überwiegend ältere Bücher kostenfrei online zur Verfügung, darunter auch zahlreiche herausragende Stücke zur Frühgeschichte der Sprachwissenschaft. Weitere digitale Angebote zur bayerischen Sprach- und Literaturgeschichte bietet sie im Rahmen der Bayerischen Landesbibliothek Online an (s. o. S. 44).

Die wichtigste Fachbibliothek zu allen Teilgebieten der germanistischen Sprachwissenschaft (und auch großer Teile der Allgemeinen Linguistik) gehört zum **Institut für Deutsche Sprache** in Mannheim. Der Bestand dieser linguistischen Spezialbibliothek umfasst rund 85 000 Bände, hinzu kommen rund 1200 lizenzierte E-Journals sowie mehr als 220 linguistische Fachzeitschriften in Print. Vierteljährlich werden Neuerwerbungslisten dieser Bestände angeboten. Das Institut für Deutsche Sprache führt eine Vielzahl sprachwissenschaftlicher Forschungsprojekte durch und stellt online umfassende Informationsressourcen zur Verfügung. Besonders hervorzuheben sind in diesem Zusammenhang die immensen Volltextkorpora (s. u. S. 108), die eine wichtige Grundlage für die Korpuslinguistik bilden, sowie das *Archiv für gesprochenes Deutsch*, das Grundlage für viele Arbeiten zu Phonetik, Regionalsprachen und Soziolekten ist (s. u. S. 113). Weitere wichtige Angebote sind verschiedene Wörterbuchprojekte (s. u. S. 98) und das grammatische Informationssystem *grammis 2.0*.

Die umfangreichen sprachwissenschaftlichen Medienbestände aller hier aufgeführten Bibliotheken können über ihre Online-Kataloge recherchiert werden, darüber hinaus sind sie auch in die jeweiligen regionalen Verbundkataloge integriert (s. o. S. 8). Die speziellen und sehr verschiedenen fachwissenschaftlichen Informationsangebote der einzelnen Bibliotheken (Fach-, Spezial- und Personalbibliographien, digitalisierte Bücher, Text- und Tondatenbanken etc.) lassen sich fast immer über die Websites der jeweiligen Bibliotheken aufrufen.

7.2 Elektronische Textsammlungen und Digitale Bibliotheken

Neben den im vorangegangenen Abschnitt aufgeführten Informationsressourcen, die von einzelnen, realen Bibliotheken erstellt und angeboten werden, werden auch klassische Bibliotheksbestände den Nutzern immer häufiger direkt in elektronischer Form zur Verfügung gestellt. Zum Teil geschieht dies im Rahmen von umfangreichen elektronischen Textsammlungen, die zumeist fachbezogen sind, zum Teil im Rahmen sogenannter Digitaler Bibliotheken. Gegenüber herkömmlichen Bibliotheksbeständen haben elektronische Texte für die Nutzer große Vorteile:

- Häufig kann nicht nur nach Titeldaten, sondern auch innerhalb der Volltexte recherchiert werden.
- Die Texte können oft orts- und zeitunabhängig benutzt werden.
- Einzelne Dokumente können in der Regel zeitgleich mehrfach verwendet werden (elektronisch angebotene „Bücher" sind in diesem Fall niemals „ausgeliehen").
- Zum Teil lassen sich Texte lokal abspeichern, ausdrucken und vervielfältigen.

Einige *elektronische Textsammlungen* werden kommerziell vertrieben. Bibliotheken müssen sie kaufen bzw. lizenzieren, um sie ihren Benutzern zur Verfügung stellen zu können. Andere hingegen stehen den Wissenschaftlern auf der ganzen Welt kostenfrei zur Verfügung.

Elektronische Textsammlungen

Die *Open Language Archives Community* (OLAC) bilden ein kostenfrei zugängliches sprachwissenschaftliches Textarchiv für linguistische Dokumente. In diesem Portal sind die Inhalte von rund 45 einzelnen, unabhängigen Publikationsplattformen mit sprachwissenschaftlichen Schwerpunkten gebündelt. Alle Dokumente sind nach einem einheitlichen System erschlossen und können über eine gemeinsame Oberfläche recherchiert werden. Gesammelt werden alle Arten von Dokumenten, Texten und Daten zur Linguistik und zu einzelnen Sprachen. Insgesamt stehen derzeit rund 140 000 Datensätze mit Volltexten zur Verfügung, hinzu kommen Titeldaten von mehr als 50 000 weiteren Publikationen, die nicht online zur Verfügung stehen. Neben Texten sind auch Audiodateien, Bilder und Filmaufnahmen enthalten.

OLAC

Besonders komfortabel recherchieren kann man im Gesamtbestand über den *OLAC Language Resource Catalog*, ein Browsing ist u. a. möglich zu Publikationen über:

- einzelne Sprachen (z. B. umfasst die OLAC mehr als 1000 Dokumente zur niederländischen Zeichensprache und mehr als 1000 Dokumente zu Inupiaq, der Sprache der Inupiat im Nordwesten Alaskas)
- einzelne Länder (z. B. rund 30 nachgewiesene Einzelsprachen für Deutschland und Südafrika, über die sich das entsprechende Titelmaterial anzeigen lässt)
- thematische Aspekte (z. B. mehr als 7300 Dokumente zur Syntax, 5500 zur Text- und Korpuslinguistik, 2500 zur Morphologie)

Alle Suchergebnisse im OLAC Language Resource Catalog können über eine Drill-Down-Funktion facettiert werden, individuelle Suchanfragen lassen sich als Alert abspeichern, die Ergebnisse können als RSS bezogen werden.

Wesentlich umfangreicher als solche fachbezogenen Textsammlungen sind die Angebote, die im Rahmen von sogenannten *Digitalen Bibliotheken* bereitgestellt werden. Hier findet in der Regel keine thematische Eingrenzung auf einzelne Fachgebiete statt. Die Quantität der Angebote von Digitalen Bibliotheken ist oft immens, meist umfassen sie viele Millionen Dokumente, die kostenfrei im Volltext zur Verfügung stehen. Da Digitale Bibliotheken jedoch in der Regel überwiegend urheberrechtsfreies, also älteres Material enthalten oder nur diese Dokumente direkt zugänglich sind, sind ihre Inhalte nicht für alle linguistischen Fragestellungen relevant. Beispiele für solche Digitalen Bibliotheken sind (1) die Deutsche Digitale Bibliothek, (2) Gallica, (3) Europeana, (4) das Projekt Google Books und (5) HathiTrust.

Seit November 2012 präsentiert die **Deutsche Digitale Bibliothek – Kultur und Wissen online** (DDB) ihren Nutzern neben digitalen Büchern auch Bilder, Noten, Filme, Archivalien und andere Medien in digitaler Form. Derzeit werden rund 6 Millionen Dokumente von rund 100 deutschen Kultur- und Wissenschaftseinrichtungen angeboten; mittelfristig planen rund 30 000 Institutionen eine Mitarbeit an der DDB. Da alle hier präsentierten Objekte aus deutschen Institutionen stammen, ist über dieses Portal vor allem das nationale Kulturgut Deutschlands – und damit auch Quellenmaterial vor allem für die germanistische Sprachwissenschaft – zugänglich.

Bei **Gallica** handelt es sich um die digitale Nationalbibliothek Frankreichs. Stärker als in Deutschland sind die Inhalte dieser Digitalen Bibliothek von den Beständen der Bibliothèque nationale de France geprägt (nur rund 150 000 der insgesamt mehr als zwei Millionen Dokumente stammen aus anderen Bibliotheken), thematisch konzentriert sie sich auf das nationale Kulturerbe Frankreichs. Trotz des immensen Angebots finden sich in Gallica lediglich rund 4000 Dokumente zur Sprachwissenschaft, die fast ausschließlich aus dem 15. bis 19. Jahrhundert stammen.

Vergleichbare Angebote wie die Deutsche Digitale Bibliothek oder Gallica existieren auch in anderen Ländern, oft werden diese „nationalen" digitalen Bibliotheken von der jeweiligen Nationalbibliothek eines Landes angeboten.

Auf europäischer Ebene gebündelt werden die Angebote der digitalen Bibliotheken in **Europeana**, einer Plattform für digitalisierte Kulturgüter Europas, die Zugriff auf mehr als 25 Millionen digitale Dokumente bietet (Texte, Bilder, Audio-Files, Filme und 3D-Dokumente). Derzeit tragen rund 1500 Institutionen digitale Angebote bei. Recherchiert werden kann nach Personen, Orten, Sachbegriffen und chronologischen Daten. Allerdings sind auch hier die sprachwissenschaftlich interessanten Dokumente nur schwach vertreten.

Die umfangreichste und sicherlich auch bekannteste Digitale Bibliothek bildet **Google Books**, ein Dienst des amerikanischen Suchmaschinenanbieters Google. Dieses auch außerhalb der Fachwissenschaften stark beachtete Projekt ermöglicht die kostenfreie Recherche in den Volltexten von mehr als 20 Millionen digitalen Büchern. Gegenüber den Angeboten der Deutschen Digitalen Bibliothek und von Europeana konzentriert sich das Angebot von Google Books tatsächlich auf Bücher und Zeitschriften. Bilder, Filme, Zeitungen und andere Medien können mit anderen Suchdiensten von Google recherchiert werden. Eine weitere Besonderheit besteht in der Tatsache, dass sich die Inhalte von Google Books nicht auf urheberrechtsfreie, also ältere Titel beschränken, sondern in großem Umfang auch neuere und aktuelle Forschungsliteratur in die Suche einbezogen wird. Um urheberrechtliche Probleme zu vermeiden, lassen sich diese Titel in der Regel allerdings nicht bzw. nicht vollständig anzeigen. Zum Teil werden in diesem Fall große Teile der Texte angezeigt und nur einzelne Seiten bleiben unzugänglich (Preview), zum Teil stehen nur winzige Ausschnitte zur Verfügung (Snippets). Urheberrechtsfreie Texte werden vollständig als digitales Faksimile der zugrundeliegenden Printausgabe angezeigt, sie lassen sich ausdrucken bzw. abspeichern.

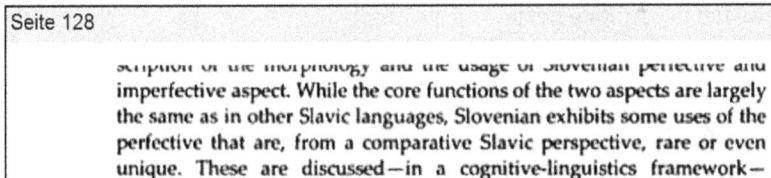

Seite 128

...scription of the morphology and the usage of Slovenian perfective and imperfective aspect. While the core functions of the two aspects are largely the same as in other Slavic languages, Slovenian exhibits some uses of the perfective that are, from a comparative Slavic perspective, rare or even unique. These are discussed—in a cognitive-linguistics framework—

Abb. 26: Google Books, Snippet-Ansicht aus dem Journal of Slavic Linguistics

Aufgrund der großen Zahl an aktuellen Publikationen und der Möglichkeit der Volltextsuche stellt Google Books auch für Linguisten bei der Literaturrecherche eine wichtige Informationsquelle dar – selbst wenn Sie nicht auf alle Treffer unmittelbar zugreifen können. So finden sich in Google Books rund 50 000 Dokumente mit dem Titelstichwort „Linguistics", darunter auch sehr viele aktuelle Titel.

Für die Suche in Google Books sollten Sie die erweiterte Buchsuche verwenden. Hier können Sie entscheiden, ob sich Ihre Suche nur auf die Titeldaten der digitalen Bücher (Autor, Titel, Verlag etc.) erstrecken oder ob auch innerhalb der Volltexte gesucht werden soll (dies erhöht die Trefferanzahl erheblich). Verschiedene Stichwörter lassen sich mit den Booleschen Operatoren verknüpfen, Sucheinschränkungen sind u. a. über die Zugänglichkeit (alle Bücher, eingeschränkte Vorschau und vollständige Ansicht, nur vollständige Ansicht), die Sprache der Publikation und die Erscheinungsjahre möglich.

Bei Dokumenten, bei denen der Nutzer nicht unmittelbar auf die Volltexte zugreifen kann, sind die Möglichkeiten für eine Anschlussrecherche von Interesse. Hierbei wird – ausgehend von einem über Google Books gefundenen Titel – auf verschiedene Anbieter verlinkt, bei denen das Buch erworben werden kann. Durch die Verknüpfung mit Google Maps lässt sich auch nach lokalen Sortimentsbuchhandlungen suchen. Über den Button „In einer Bibliothek suchen" werden die Titeldaten des ausgewählten Buchs in den *WorldCat* übertragen (s. o. S. 10). So lassen sich Bibliotheken anzeigen, die ein Exemplar des gesuchten Titels besitzen.

Ein weiteres großes Angebot digitaler Volltexte, das mit Google Books vergleichbar ist, bietet **HathiTrust**, ein Zusammenschluss US-amerikanischer Bibliotheken und Universitäten. Für die Recherche stehen rund elf Millionen Bände zur Verfügung. Dieses Angebot entspricht rund 3,7 Milliarden Buchseiten, die sich – wie die Inhalte von Google Books – im Volltext durchsuchen lassen. Allerdings ist auch hier nur ein Teil der Inhalte kostenfrei zugänglich.

Auch wenn die Lektüre längerer Texte am Bildschirm nach wie vor von vielen als unangenehm empfunden wird, kann die Nutzung von elektronischen Textsammlungen oder Digitalen Bibliotheken gerade im wissenschaftlichen Bereich aus verschiedenen Gründen sehr sinnvoll sein, z. B. wenn es darum geht,

- einen seltenen Begriff nicht nur in den Titeln, sondern in den Volltexten von großen Textbeständen zu suchen,
- die Volltextsuche innerhalb eines einzelnen Textes zu nutzen,
- ein Zitat zu überprüfen,
- die Zeit für die Bestellung und Bereitstellung eines Printexemplars zu sparen,
- Buchbestände außerhalb der Räumlichkeiten bzw. der Öffnungszeiten von Bibliotheken zu nutzen,
- Buchbestände zu nutzen, die vor Ort nicht verfügbar oder aufgrund ihres Zustands nur eingeschränkt benutzbar sind.

7.3 Virtuelle Bibliotheken

Während Digitale Bibliotheken ihren Nutzern umfangreiche Bestände in elektronischer Form anbieten, sind *Virtuelle Fachbibliotheken* (oft auch als ViFa bezeichnet) Nachweissysteme, die fachbezogene Inhalte unabhängig von ihrer medialen Erscheinungsweise bzw. (bei gedruckten Publikationen) vom Ort ihrer physischen Präsenz nachweisen.

Diese offene Konzeption führt dazu, dass die Nutzer von Virtuellen Fachbibliotheken mit einer integrierten Suche in völlig verschiedenen Datenpools nach fachlich relevanten Informationen und Publikationen recherchieren können, z. B. in Bibliothekskatalogen, Fachbibliographien, Internetquellen, Volltextdatenbanken und Fachzeitschriften.

Mittlerweile gibt es für nahezu alle Wissenschaftsfächer Virtuelle Fachbibliotheken. In der Regel werden sie – meist gemeinsam mit mehreren Projektpartnern – von der Bibliothek angeboten, die auch das Sondersammelgebiet des entsprechenden Fachs betreut.

Der große Vorteil von Virtuellen Fachbibliotheken besteht darin, dass sie ihren Nutzern erlauben, mit einer einzigen Suchanfrage in einer Vielzahl einschlägiger fachlicher Datenpools zu recherchieren, selbst wenn sie diese Datenpools im Einzelnen gar nicht kennen (One-Stop-Shop). Im Idealfall können die Recherche, die Anzeige der Treffer sowie die Bestellung bzw. das Aufrufen der Volltexte direkt online, also ohne Medienbruch erfolgen.

Virtuelle Fachbibliotheken

Wer viel einkaufen muss, kann entweder nacheinander in mehrere Fachgeschäfte gehen und dort das jeweils Gesuchte bei einem spezialisierten Fachhändler erwerben. Oder er geht in ein großes Kaufhaus – das ist weniger individuell, dafür aber praktisch und schneller.

Diesem Prinzip des *One-Stop-Shops* folgen auch die Virtuellen Fachbibliotheken, hier kann man mit einem Suchvorgang (fast) alles bekommen: bibliographische Nachweise aus Katalogen und Bibliographien, digitale Bücher und Zeitschriftenartikel im Volltext, einschlägige Websites und viele andere Informationen.

One-Stop-Shop

Als Gemeinschaftsprojekt der UB Frankfurt am Main, des Instituts für Deutsche Sprache in Mannheim und des Fachportals LINSE entsteht mit *Lin/gu/ist/ik – Portal für Sprachwissenschaft* derzeit die zentrale Virtuelle Fachbibliothek für Linguistik. Freigeschaltet wird dieses kostenfreie Onlineportal im Laufe des Jahres 2013.

Virtuelle Fachbibliothek Linguistik

Lin|gu|is|tik

PORTAL FÜR
SPRACHWISSENSCHAFT

Abb. 27: Logo der Virtuellen Fachbibliothek Linguistik

Wie alle Virtuellen Fachbibliotheken wird auch Lin|gu|ist|ik aus mehreren Modulen bestehen. Die wichtigsten Module sind:

1. *Metasuche.* Die Metasuche ermöglicht Linguisten eine integrierte Suche in einer Vielzahl sprachwissenschaftlicher Informationsressourcen. Berücksichtigt werden u. a. verschiedene linguistische Fach-OPACs, Fachbibliographien, Dokumentenserver sowie die Angebote der weiteren Module von Lin|gu|ist|ik.
2. *Internetguide/Fachinformationsführer.* Dieser Webkatalog umfasst qualitätsgeprüfte linguistische Websites aus allen Bereichen der Sprachwissenschaft. Sucheinstiege sind möglich über das Thema, die behandelte Sprache sowie den jeweiligen Ressourcetyp.
3. *Online Contents Linguistik.* Die Inhalte dieses Zeitschrifteninhaltsverzeichnisses (s. o. S. 57) sollen im Rahmen von Lin|gu|ist|ik präsentiert und erweitert werden.
4. *Neuerwerbungslisten.* Hier werden die sprachwissenschaftlichen Neuerwerbungen der UB Frankfurt und des IDS in Mannheim präsentiert sowie die entsprechenden Publikationen aus der Deutschen Nationalbibliografie.
5. *Dokumentenserver Linguistik.* Dieses Repositorium bietet Linguisten die Möglichkeit, ihre Fachpublikationen online an gut sichtbarer Stelle elektronisch zu veröffentlichen.
6. *Zeitschriftenverzeichnis.* Dieses Modul bietet eine Übersicht über alle in Deutschland verzeichneten sprachwissenschaftlichen E-Journals. Der Zugriff auf diese Zeitschriften ist abhängig von den individuellen Rechten des jeweiligen Nutzers.
7. *Datenbankverzeichnis.* Unter dieser Rubrik werden alle linguistisch relevanten Datenbanken verzeichnet. Auch hier ist der Zugriff abhängig von den jeweiligen Rechten.

Weitere Module und Informationsangebote sind für die spätere Weiterentwicklung von Lin|gu|ist|ik geplant.

Neben Lin|gu|ist|ik existieren noch weitere Virtuelle Fachbiblio-
theken mit Sprachbezug, die für Linguisten von Interesse sein können:

Weitere Virtuelle
Fachbibliotheken

- *Germanistik im Netz.* Germanistik, Deutsche Sprach- und Literaturwissenschaft
- *Vlib-AAC.* Anglistik, Amerikanistik: anglo-amerikanische Sprache
  und Kultur
- *Vifarom.* Romanischer Kulturkreis: Frankreich- und Italienforschung
  sowie allgemeine Romanistik
- *Cibera.* Spanien/Portugal/Ibero-Amerika: Kultur, Geschichte, Politik, Wirtschaft und Gesellschaft der spanisch- und portugiesisch-
  sprachigen Länder sowie der Karibik
- *NedGuide.* Niederländischer Kulturkreis: niederländische Philologie (einschließlich Friesisch und Afrikaans) sowie Politik, Gesellschaft, Geschichte, Landes- und Volkskunde der Niederlande
- *ViFa Benelux.* Niederlandistik, Niederlande-, Belgien- und Luxem-
  burgforschung, Frisistik und Afrikaanse Philologie
- *Slavistik-Portal.* Slawistik: slawische Sprache, Literatur und Volkskunde
- *VifaOst.* Osteuropa: Geschichte, Sprache, Literatur, Politik und Kultur der Länder und Regionen Ost-, Ostmittel- und Südosteuropas
- *vifanord.* Nordeuropa, Baltische Länder, Ostseeraum: Sprache, Literatur, Kultur sowie Geschichte, Geographie, Politik, Wirtschaft
  usw. von Skandinavien, Finnland, Estland, Lettland und Litauen
- *Menalib.* Middle East North Africa virtual library: Wissenschaften
  zum Vorderen Orient/Nordafrika und Islamwissenschaft
- *CrossAsia.* Ost- und Südostasien-Wissenschaften
- *Savifa.* Südasien-Wissenschaften
- *Propylaeum.* Altertumswissenschaften: Klassische Philologie, Mit-
  tel- und Neulateinische Philologie, Ägyptologie, Alte Geschichte,
  Klassische Archäologie, Vor- und Frühgeschichte

Die Metasuche in Virtuellen Fachbibliotheken bietet die faszinierende Möglichkeit,
mit einer einzigen Suchanfrage in einer Vielzahl von Datenquellen zu recherchieren
und damit gleichsam alles „auf einmal zu erledigen". Allerdings sollte man hierbei
immer bedenken, dass in vielen Fällen bessere bzw. komplexere Suchanfragen möglich sind, wenn man die entsprechende Suche nacheinander in den einzelnen Informationsressourcen durchführt.

Tipp

7.4 Fachportale

Noch stärker als die Virtuellen Fachbibliotheken entfernen sich die Fachportale von den traditionellen Bibliotheksbeständen; hier liegt die Konzentration wesentlich stärker auf digitalen Informationen, zum Teil auch auf Informationen, die von den Nutzern eingebracht werden. So eröffnen Fachportale – der Name „Portal" macht dies deutlich – an einer Stelle den gebündelten und übersichtlichen Zugang zu einer Vielzahl digitaler Quellen (Single Point of Access).

7.4.1 The LINGUIST List

LINGUIST List

Auch wenn es sich bei *The LINGUIST List* nicht um ein reines Fachportal im klassischen Sinne handelt, so hat sich dieses – ursprünglich als reine Mailingliste gestartete – Projekt mittlerweile zum wichtigsten Informationsportal für Linguisten aus aller Welt entwickelt. Kernstück von LINGUIST List ist bis heute eine Mailingliste, die von mehr als 25 000 Teilnehmern aus über 140 Ländern subskribiert wird. Da alle verschickten Informationen auch archiviert werden, stehen die linguistischen Informationsangebote, die über diese Mailingliste verschickt werden, über die Website für nicht angemeldete Nutzer ebenfalls jederzeit zum Abruf bereit und können über diverse Suchoberflächen recherchiert werden.

Wenn Sie den kostenlosen Mail-Service von LINGUIST List nutzen wollen, müssen Sie sich dort nur registrieren und bekommen dann die für Sie relevanten Informationen – entsprechend einem von Ihnen selbst festgelegten Interessensprofil – regelmäßig zugemailt. Dieses komfortable Verfahren des Zugriffs auf Informationen wird auch mit dem Schlagwort „push" bezeichnet. Alternativ können Sie auch auf die Website gehen und dort nach den gewünschten Informationen recherchieren („pull").

Die wichtigsten Kategorien, zu denen über eine Mailingliste von LINGUIST List sprachwissenschaftliche Informationen verschickt werden, sind in der folgenden Auflistung zusammengestellt. Für jede Kategorie stehen auf der Website eigene Suchoberflächen zur Verfügung.

- *Books.* In dieser Rubrik finden sich Informationen zu derzeit rund 10 000 linguistischen Monographien einschließlich kurzer Inhaltsangaben. Gesucht werden kann nach dem Autor, dem linguistischen Themenbereich oder der untersuchten Sprache.
- *Calls.* In dieser Kategorie finden sich Current Calls for Papers, in denen dazu aufgerufen wird, Beiträge für linguistische Fachkon-

gresse einzureichen. Ein Browsing ist über das linguistische Thema, die untersuchte Sprache oder einen Kalender möglich.

- *Conferences.* Dieser Bereich bietet Informationen zu kommenden linguistischen Kongressen. Strukturiert und recherchierbar ist er wie der Bereich CALLS.
- *Discussions.* Hier lassen sich linguistische Diskussionen verfolgen, die auf LINGUIST List geführt wurden. Gesucht werden kann nach Stichwörtern, Personen, Themen und Sprachen.
- *Dissertation Abstracts.* Hier finden sich Abstracts zu rund 2200 linguistischen Dissertationen.
- *FYI.* In dieser Kategorie – „For Your Information" – finden Sie vor allem Hinweise auf neue Bücher und Informationsressourcen sowie Aufrufe, Beiträge für Fachpublikationen zu liefern (Call for Chapters).
- *Internships.* Hier kann in einer Datenbank nach Praktika recherchiert werden, die aktuell angeboten werden. Neben thematischen Aspekten kann auch nach Städten und Ländern gesucht werden.
- *Jobs.* Auf besonders großes Interesse stößt diese linguistische Stellenbörse, in der Stellen für Linguisten auf der ganzen Welt angeboten werden.
- *Journal Calls.* In dieser Kategorie finden sich sowohl allgemeine Informationen zu rund 800 linguistischen Fachzeitschriften als auch Inhaltsverzeichnisse und Aufrufe der Zeitschriften zu Beiträgen.
- *Media.* Hier finden sich Hinweise zu rund 400 „Medien", die die Sprachwissenschaft betreffen (z. B. Videomaterial und nichtlateinische Fonts).
- *Notice Board.* Auf diesem Schwarzen Brett können z. B. Unterkunftsmöglichkeiten angeboten oder erfragt werden, man kann sich nach Unterstützung und Kontakten erkundigen etc.
- *Queries & Summaries.* Hier können sich Forscher nach Datenmaterial für ihre Arbeiten erkundigen und Fragebögen absetzen. Die zusammengefassten Ergebnisse solcher Aktionen werden als Summaries veröffentlicht.
- *Reviews.* Diese Rubrik verzeichnet rund 3000 Rezensionen zu linguistischen Publikationen, überwiegend zu Monographien, die über eine Vielzahl von Suchmöglichkeiten recherchierbar sind.
- *TOCs.* In dieser Rubrik werden Inhaltsverzeichnisse (Tables of Contents) von linguistischen Fachzeitschriften präsentiert, darüber hinaus findet sich jedoch auch ein Verzeichnis der Fachzeitschriften, ihrer Aufrufe zu Beiträgen und ihrer Stylesheets.
- *Support.* Hier werden bezahlte Forschungs- und Projektstellen ausgeschrieben. Interessenten können nach Themenbereichen, Län-

dern und untersuchter Sprache recherchieren, auch das Ausbildungsniveau kann berücksichtigt werden.
- *Software.* Hier finden sich Links auf Anbieter von linguistischer Software, das Angebot reicht von Lernsoftware über linguistische Analysetools und Software zur Aufbereitung von Tonaufnahmen bis hin zu Programmen für die Darstellung linguistischer Zusammenhänge. Mit Hilfe der hier angezeigten Software werden Sie häufig effektiver arbeiten und Zusammenhänge professionell visualisieren können.

Darüber hinaus gibt es auf der Website von LINGUIST List noch eine Vielzahl weiterer Informationsangebote. Besonders wichtig ist hierbei der Webkatalog („Web Links“), das Linguistenverzeichnis („Directory of Linguists“), das Informationssystem für Sprachen („Language Information“, in Kooperation mit MultiTree und LL-Map und die Links zu wichtigen aktuellen Forschungsprojekten.

Tipp

Schauen Sie immer wieder einmal auf die Website von LINGUIST List und stöbern Sie dort in den verschiedenen Kategorien. Oft werden Sie von interessanten Diskussionen und vielfältigen Informationen profitieren können.

7.4.2 LINSE

LINSE, der Linguistik-Server Essen, ist ein linguistisches Fachportal, das von der Universität Duisburg-Essen angeboten wird. Trotz gewisser Schwerpunkte im Bereich der germanistischen Linguistik behandelt das Fachportal alle Themen im Umkreis einer interdisziplinär definierten Sprachwissenschaft und Sprachdidaktik. Wie bei der Virtuellen Fachbibliothek Linguistik sind die verschiedenen Inhalte auch in LINSE in Form von Modulen gegliedert, darüber hinaus sind alle Inhalte mit Hilfe einer linguistischen Fachsystematik erschlossen und können über eine zentrale Suchoberfläche recherchiert werden.

Einige Module von LINSE sind stark auf die lokalen Angebote an der Universität Duisburg-Essen bezogen (z. B. die Forschungs- und Seminarprojekte), der größte Teil der Inhalte ist jedoch von überregionaler Bedeutung. Dies betrifft z. B. die Verzeichnisse zu linguistischen Veranstaltungen und Sprachkorpora, die Übersicht zu linguistischer Lernsoftware, die Inhalte der Zeitschriften „Sprache und Datenverarbeitung“ (SDV) und die „Osnabrücker Beiträge zur Sprachtheorie“ (OBST), die „Essener Studienenzyklopädie Linguistik“ (ESEL, eine Sammlung von studentischen Arbeiten zu linguistischen Themen) und weitere linguistische Publikationen, die über das Portal präsentiert werden.

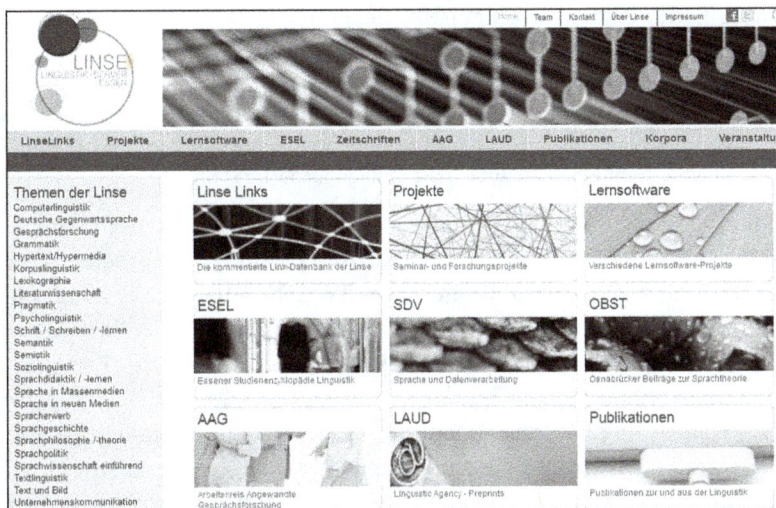

Abb. 28: Modulübersicht des Fachportals LINSE (Ausschnitt)

Das sicherlich wichtigste Angebot von LINSE ist der Webkatalog *Linse-Links*, eine der weltweit umfassendsten Sammlungen linguistisch rele-vanter Internetadressen. Insgesamt verzeichnet der Webkatalog rund 4200 linguistische Websites, die mit einem kurzen Abstract beschrie-ben sind. Recherchiert werden können diese Websites über eine Such-maschine und über eine linguistische Fachsystematik.

7.4.3 PortaLingua

PortaLingua ist ein deutschsprachiges Fachportal für digitale Lehr- und Lernmaterialien im Bereich der Sprach- und Kommunikationswis-senschaft, das von acht deutschen Universitäten und vom Institut für Deutsche Sprache als Gemeinschaftsprojekt betrieben wird. Mit Hilfe der hier präsentierten Materialien können sich Studierende das Grund-wissen von großen Teilen des Kanons sprachwissenschaftlicher Studi-engänge selbst erarbeiten oder sich gezielt auf Prüfungen vorbereiten. Lehrende können die Materialien in ihrem Unterricht einsetzen, sei es in Seminarveranstaltungen oder als ergänzendes Material für das Selbststudium (Blended Learning).

Präsentiert werden Aufsätze, Lernmodule, Linklisten, Literatur-tipps, Zeitschriften, Rezensionen und Seminararbeiten, wobei vor al-lem die Lernmodule (E-Learning-Module) sehr gut als Grundlage für das eigenständige Studium verwendet werden können. Auswählen lassen sich die Lernmodule auch über linguistische Fachgruppen (z. B.

PortaLingua

Grammatik, Klinische Linguistik, Gesprächsforschung und Kommunikation etc.). Begleitet werden das Fachportal PortaLinga und seine Inhalte von einem gedruckten Begleitband:

> Ulrich Schmitz: Linguistik lernen im Internet. Das Lehr- und Lernportal Porta-Lingua. Tübingen: Narr 2004 (narr Studienbücher). 281 S.

Durch den zentralen Zugriff auf eine Vielzahl verschiedener Lernmodule aus unterschiedlichen Quellen ist PortaLingua ein sehr gutes Fachportal vor allem für Studierende, die sich selbstständig in ein für sie noch neues linguistisches Themenfeld einarbeiten wollen. Allerdings werden seit einigen Jahren keine neueren Inhalte über PortaLingua präsentiert.

Weitere linguistische Fachportale aus dem deutschsprachigen Bereich sind Linguistik im Netz und das Portal Computerlinguistik.

Weitere linguistische Fachportale

Linguistik im Netz (LiN) bietet neben linguistischen Publikationen und einem Webkatalog eine Stellenbörse für Sprachwissenschaftler, ein Verzeichnis linguistischer Forschungsprojekte und ein Linguistenverzeichnis.

Das *Portal Computerlinguistik* – ein Gemeinschaftsprojekt der Sektion Computerlinguistik der Deutschen Gesellschaft für Sprachwissenschaft (DGfS) und der Gesellschaft für Sprachtechnologie & Computerlinguistik – präsentiert einen Überblick über Institutionen, Projekte, Informationsressourcen, Ausbildungsmöglichkeiten und Veranstaltungen im Bereich der Computerlinguistik. Auch hier wird eine Stellenbörse angeboten.

8 Handbücher und Nachschlagewerke

8.1 Linguistische Handbücher

Zu allen Teilgebieten der Linguistik, zur Allgemeinen Linguistik ebenso wie zu den Linguistiken der Einzelsprachen, gibt es mittlerweile eine Vielzahl von Handbüchern, die sowohl als Nachschlagewerke als auch als Einführung in spezielle Themenbereiche verwendet werden können. Auch hier stellt die Vielfalt des Angebots oft ein größeres Problem dar als ein Mangel an einschlägigen Titeln. Mit den Handbüchern zur Sprach- und Kommunikationswissenschaft sowie den Blackwell Handbooks in Linguistics werden hier exemplarisch zwei sehr renommierte sprachwissenschaftliche Handbuchreihen vorgestellt, die in der Gesamtheit ihrer Einzelbände einen Großteil der aktuellen sprachwissenschaftlichen Forschung übersichtlich darstellen.

Eine der wichtigsten linguistischen Schriftenreihen sind die *Handbücher zur Sprach- und Kommunikationswissenschaft* (HSK). Alle Bände sind nach einem einheitlichen Konzept gestaltet und umfassen zahlreiche Einzelbeiträge verschiedener Autoren. In ihrer Gesamtheit bieten die Artikel der einzelnen HSK-Bände einen schnellen und vollständigen Überblick über die verschiedenen Aspekte des jeweiligen linguistischen Themengebiets. Neben rein deutschsprachigen Bänden umfasst die Reihe auch Bände mit englischen und französischen Beiträgen. Neben der Allgemeinen Linguistik und wichtigen Aspekten der einzelsprachlichen Linguistiken behandeln die Handbücher zur Sprach- und Kommunikationswissenschaft auch die vielfältigen Aspekte des kommunikativen Handelns. Bisher sind im Rahmen der Handbücher für Sprach- und Kommunikationswissenschaft 37 umfangreiche Themenbände erschienen (zum Teil in mehreren Teilbänden), weitere sind in Vorbereitung. Zuletzt erschienen sind:

- Sign Language (37, 2012)
- The Semitic Languages (36, 2011)
- Deutsch als Fremd- und Zweitsprache (35, 2010)
- English Historical Linguistics (34, 2012)
- Semantics (33, 2011)
- Die slavischen Sprachen / The Slavic Languages (32, 2009)

Neben den Print-Ausgaben werden die Bände der Handbücher zur Sprach- und Kommunikationswissenschaft auch als E-Books angeboten.

Rein englischsprachig sind die Einzeltitel der *Blackwell Handbooks in Linguistics*. Auch hierbei handelt es sich um Herausgeberwerke mit Beiträgen zahlreicher Autoren, die Bände decken in ihrer Gesamtheit alle zentralen Aspekte der Allgemeinen Sprachwissenschaft und alle wichtige Themen der einzelsprachlich orientierten Linguistik ab. Wie die HSK werden auch die Bände dieser Schriftenreihe als Printausgaben und als E-Books angeboten (auch im Rahmen der Sammlung *Blackwell Reference Online: Language & Linguistics*).

Die Titel beider Handbuchreihen können als erste Einführungen in ein linguistisches Themengebiet und als verlässliche Nachschlagewerke sehr empfohlen werden.

8.2 Sprachwissenschaftliche Sachlexika

Neben dem Internet und den verschiedenen Formen bibliographischer Verzeichnisse sind Nachschlagewerke – gedruckt oder digital – wichtige Instrumente für die fachwissenschaftliche Informationsrecherche.

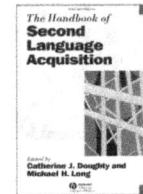

Sowohl für die Allgemeine Linguistik wie auch für die Sprachwissenschaft einzelner Sprachen existiert eine Vielzahl von *Sachlexika*. Hier kommt es vor allem darauf an, aus der Fülle der Angebote das für die jeweilige Fragestellung passende Nachschlagewerk auszuwählen. Im Folgenden können nur die wichtigsten Gattungen und einige wenige, zentrale Nachschlagewerke vorgestellt werden.

Neben den großen Sachlexika, die im Idealfall die Fachbegriffe des gesamten Fachs verzeichnen und umfassend erläutern, gibt es auch eine Reihe von Sachlexika für einzelne Aspekte sowie kürzer gefasste Überblickswerke. Diese Lexika richten sich in erster Linie an Studierende, sie erscheinen in der Regel in einem Band und sind relativ preiswert.

N-Zyklop

Eine gezielte Recherche nach fachlich relevanten Nachschlagewerken ermöglicht z. B. die kostenfreie Online-Datenbank *N-Zyklop*, die von der Universitätsbibliothek Trier angeboten wird und fachübergreifend mehr als 5100 Nachschlagewerke nachweist. Eine thematische Suche nach einschlägigen Nachschlagewerken ist hier über Stich- und Schlagwörter sowie über die Notationen der *Dewey Decimal Classification* möglich (z. B. 400 für Sprache, 410 für Linguistik, 420 für Englisch, 430 für Deutsch etc.).

Grundsätzlich werden Nachschlagewerke jedoch auch in den Fachbibliographien nachgewiesen. So verzeichnet beispielsweise die Bibliography of Linguistic Literature rund 1000 linguistische Handbücher und Fachenzyklopädien.

Eines der derzeit größten und aktuellsten Lexika zur Allgemeinen und Vergleichenden Sprachwissenschaft ist die *Encyclopedia of Language and Linguistics*, die 2005 in der zweiten Auflage erschien (ELL2). Das 14-bändige Fachlexikon umfasst auf 11 000 Seiten rund 3000 Artikel, 1500 Abbildungen und fast 40 000 Literaturnachweise.

Neben der Druckfassung wird von der Encyclopedia of Language and Linguistics auch eine kostenpflichtige Online-Version angeboten. Gegenüber der Druckausgabe weist diese Version einige inhaltliche Erweiterungen auf (Audio- und Videodateien sowie zusätzliches Textmaterial und Abbildungen) und ermöglicht eine vielfältige thematische Recherche.

WSK

Noch im Entstehen begriffen ist ein weiteres großes sprachwissenschaftliches Nachschlagewerk, die *Wörterbücher zur Sprach- und Kommunikationswissenschaft* (WSK). Jeder der geplanten 25 Bände wird einzelne linguistische Themenbereiche behandeln, in ihrer Gesamtheit decken die Bände nahezu das gesamte Spektrum der Sprach- und Kommunikationswissenschaften ab. Insgesamt wird das Gesamtwerk rund 40 000 Artikel umfassen. Die zum Teil sehr umfangreichen Artikel bieten eine präzise Definition des Fachbegriffs, weiterführende Erläuterungen, ausführliche Literaturangaben sowie eine Übersetzung des Fachbegriffs und der Definition ins Englische.

Neben den gedruckten Bänden werden die Inhalte der Wörterbücher zur Sprach- und Kommunikationsforschung auch innerhalb einer Datenbank angeboten. Die Benutzung dieser Online-Fassung bietet vor allem komplexere Suchzugriffe; so kann hier nicht nur nach den einzelnen Artikeln, sondern auch nach Artikeln eines Fachgebiets, nach Autoren und Literatur gesucht werden. Auch eine Volltextsuche ist möglich. In der Online-Ausgabe können Nutzer die einzelnen Artikel auch kommentieren.

Wesentlich kürzer gefasst als die Encyclopedia of Language and Linguistics und die Wörterbücher zur Sprach- und Kommunikationswissenschaft sind die vierbändige Ausgabe der International Encyclopedia of Linguistics und die zweibändige Encyclopedia of Linguistics.

International Encyclopedia of Linguistics. Hrsg. von William J. Frawley. 4 Bde. 2nd ed. Oxford u. a.: University Press 2003. 2200 S. (Die 957 Übersichtsartikel dieses Standardwerks informieren über zentrale Aspekte aus allen Bereichen der Linguistik. Die International Encyclopedia of Linguistics (IEL) wird parallel zur Printausgabe auch als lizenzpflichtige Datenbank angeboten.)

Encyclopedia of Linguistics. Hrsg. von Philipp Strazny. 2 Bde. New York u. a.: Fitzroy Dearborn 2005. 1293 S. (Die 508 Artikel von 288 Wissenschaftlern aus 34 Ländern informieren über wichtige Fragen und Forschungsbereiche der Allgemeinen Linguistik sowie über zahlreiche Sprachen. Die Artikel sind eingeteilt in die Kategorien „Linguistic topic", „Language", „Person" und „Region". Wie die IEL wird auch die Encyclopedia of Linguistics in einer Online-Fassung angeboten.)

Neben diesen größeren Werken, in denen die einzelnen Stichwörter umfassend abgehandelt werden und auch viele Literaturhinweise enthalten sind, gibt es eine kaum noch zu überschauende Vielzahl von wesentlich weniger umfangreichen Lexika zur Allgemeinen Linguistik. Aus dieser Menge heraus werden hier einige besonders aktuelle und wichtige Titel vorgestellt, die sich durchaus auch zur Anschaffung lohnen. Neben den deutschen Klassikern sind auch zwei englische Titel und ein französisches Werk aufgeführt:

Hadumod Bußmann: Lexikon der Sprachwissenschaft. Mit 14 Tabellen. 4., durchges. und bibliogr. erg. Aufl. Stuttgart: Kröner 2008. XLI. 816 S.

Metzler-Lexikon Sprache. Hrsg. von Helmut Glück. 4., aktualisierte und überarb. Aufl. Stuttgart, Weimar: Metzler 2010. XXXIV. 814 S. (auch als E-Book erhältlich).

Peter H. Matthews: The Concise Dictionary of Linguistics. 2. Aufl. Oxford: Oxford Univ. Press 2007. X, 443 S. (3150 Artikel, auch als Online-Datenbank und als App erhältlich).

David Crystal: The Cambridge Encyclopedia of Language. 3rd ed. Cambridge: Univ. Press 2010. 516 S. (von diesem Werk erschienen auch deutsche Übersetzungen).

Jean Dubois: Grand dictionnaire de linguistique et des sciences du langage. Paris: Larousse 2007. LX, 514 S.

Während die bisher aufgeführten Lexika überwiegend die Allgemeine und Vergleichende Sprachwissenschaft behandeln bzw. eine Vielzahl von Einzelsprachen berücksichtigen, gibt es natürlich auch diverse Lexika zur Linguistik der Einzelsprachen:

Kleine Enzyklopädie – deutsche Sprache. Hrsg. von Wolfgang Fleischer, Gerhard Helbig und Gotthard Lechner. Frankfurt am Main u. a.: Lang 2001. 845 S.

David Crystal: The Cambridge Encyclopedia of the English Language. 2nd ed. Cambridge: Univ. Press 2003. 499 S.

Lexikon der romanistischen Linguistik. Hrsg. von Günter Holtus. Tübingen: Niemayer 1988–2005. 8 Bde. mit Halbbänden. (Das LRL beschreibt sehr ausführlich und systematisch alle romanischen Sprachen, ihre Dialekte und die von ihnen abgeleiteten Kreolsprachen in ihren historischen und gegenwartsbezogenen Aspekten. Darüber hinaus werden auch sprachenübergreifende Gesichtspunkte berücksichtigt sowie die Arbeitsfelder und Methoden der modernen romanistischen Sprachwissenschaft und die Geschichte des Faches. Insgesamt umfasst das Lexikon rund 10 000 Seiten.)

Wie bei Bibliographien ist jedoch auch bei linguistischen Lexika zu bedenken, dass es neben den großen allgemeinen und sprachbezogenen Lexika auch noch eine Vielzahl von sprachwissenschaftlichen Speziallexika gibt. Je nach Fragestellung kann es in vielen Fällen hilfreich sein, auch einschlägige Speziallexika heranzuziehen, beispielsweise ein Lexikon zur deutschen Syntax, ein Wörterbuch zur englischen Wortbildung oder ein Lexikon zur Phonetik des Spanischen.

8.3 Wikipedia

Immer wieder wird kontrovers darüber diskutiert, welche Rolle die häufig benutzte Wikipedia in der wissenschaftlichen Informationsrecherche spielen kann und wie zuverlässig die Inhalte dieses kostenlosen Online-Lexikons sind. Während die einen die unbestreitbaren Vorzüge dieses Lexikons in den Vordergrund stellen, betonen andere vor allem die nicht hinreichend gesicherte Qualität der Artikel und raten dringend davon ab, Wikipedia-Artikel zu zitieren.

Besonders auffällig ist zunächst einmal der immense Umfang dieses Universallexikons. Allein die englischsprachige Ausgabe der Wikipedia umfasst mehr als vier Millionen Artikel (das entspricht weit mehr als 3000 Bänden eines gedruckten Lexikons!). Immerhin 1,6 Millionen Artikel umfasst die deutsche, 1,4 Millionen die französische Ausgabe. Hinsichtlich ihres Umfangs übertrifft Wikipedia somit alle gedruckten Universal- und Fachlexika um ein Vielfaches. Das kostenfreie Lexikon steht orts- und zeitunabhängig zur Verfügung und wird mittlerweile in mehr als 280 Sprachen angeboten (auch dieser Vorteil der Mehrsprachigkeit ist für Linguisten nicht uninteressant); auf die Artikel zum selben Thema in den Wikipedia-Ausgaben anderer Sprachen wird verlinkt.

Darüber hinaus nutzt Wikipedia die Vorteile, die die elektronische Publikationsform für Lexika bietet, im Gegensatz zu anderen digitalen Angeboten voll aus.

1. Die Inhalte der Artikel werden ständig aktualisiert. Dieser Aspekt ist vor allem für Artikel zu Themen mit hohem Aktualitätsbezug wichtig (z. B. bei Artikeln, die die Gegenwartssprache betreffen), aber auch bei Beiträgen zu sehr aktuellen Forschungsthemen.
2. Gerade bei Lexikonartikeln – deren Länge ja nicht ausufern soll – ist es oft hilfreich, zusätzlich auf externes Informationsmaterial zu verlinken. Solche Links auf weiterführende Texte, Bilder, Audiofiles, Videos, Literaturnachweise etc. finden sich sehr umfangreich in fast allen Wikipedia-Artikeln.
3. Während die Artikel in gedruckten Nachschlagewerken in einem unveränderlichen Kontext, zumeist in alphabetischer Reihenfolge, präsentiert werden, lassen sie sich in Wikipedia in vielfältigen Zusammenhängen darstellen.

Und schließlich bietet Wikipedia neben der gezielten Suche nach einzelnen Artikeln und der Volltextsuche über inhaltlich definierte Portale und Kategorien auch sehr komfortable Zugriffsmöglichkeiten auf die Inhalte. So kann für die thematische Suche auch eine Klassifikation (Kategorien bzw. Categories) verwendet werden.

Noch schnelleren thematischen Zugriff auf Artikel zu einem Themenbereich bieten die Portale (Portals), die größere Fachbereiche übersichtlich gliedern: Linguistische Inhalte sind in den Portalen „Linguistik" („Linguistics" etc.) sowie „Sprache" („Language" etc.) zusammengefasst. So finden sich z. B. in der französischen Wikipedia-Ausgabe innerhalb des Portals „Langue française et Francophonie" mehr als 1000 einschlägige Artikel, ein Link auf die entsprechende Kategorie mit den Unterkategorien, multimediale Angebote sowie thematisch verwandte Inhalte.

Die Nutzung von Wikipedia hat somit viele Vorteile – bleibt die Frage nach der Qualität und der Zitierfähigkeit der hier publizierten Artikel. Tatsächlich besteht eine wichtige Besonderheit von Wikipedia darin, dass die Artikel nicht von einem festen Redaktions- oder Expertenteam, sondern von Tausenden Benutzern der Enzyklopädie unentgeltlich selbst erstellt werden. Das kann die Qualität der Inhalte negativ beeinflussen, muss es jedoch nicht.

Was die Benutzung von Wikipedia betrifft, sind Sie zunächst selbst gefragt. Haben Sie keine Scheu, Wikipedia zu verwenden, nutzen Sie dabei insbesondere die Vorteile, die sie Ihnen als Linguist bietet (die thematische Suche, die sprachbezogenen Schwerpunkte der einzelnen Ausgaben, die Vergleichbarkeit von verschiedensprachigen Artikeln zum gleichen Thema, die Aktualität der Inhalte etc.) und verwenden Sie Wikipedia-Artikel vor allem als Ausgangspunkt zu weiteren einschlägigen und wichtigen Informationsangeboten.

Zitierfähigkeit

Zur Zitierfähigkeit von Wikipedia-Artikeln sei gesagt, dass sie grundsätzlich – wie diejenigen anderer Allgemeinenzyklopädien auch – nur allgemeine Informationen enthalten und einen ersten Überblick über das jeweilige Thema geben. Daher wird man sie, im Gegensatz zur modernen Forschungsliteratur, in wissenschaftlichen Arbeiten nur in Ausnahmefällen zitieren. Einen Brockhaus-Artikel werden Sie in der Regel in einer wissenschaftlichen Arbeit auch nicht zitieren. Wollen Sie dennoch einen Wikipedia-Artikel zitieren, so ist es unbedingt nötig, in das Zitat auch das Datum einzufügen, an dem Sie den Artikel zitiert haben. Da alle Artikel ständig verändert, erweitert und verbessert werden können, kann ein Leser des Zitats mit Hilfe des Datums über die „Versionsgeschichte" die ursprüngliche Fassung des zitierten Textes wieder aufrufen.

Neben der fachübergreifenden Wikipedia gibt es mit *Glottopedia* auch noch ein – im weitesten Sinne – vergleichbares Projekt speziell für die Sprachwissenschaften. Bislang ist dieses kostenfreie Online-Lexikon, das sich noch im Aufbau befindet, nicht sehr umfangreich; es umfasst rund 3100 Artikel. Im Gegensatz zu Wikipedia sind alle Glotto-

pedia-Artikel jedoch von ausgebildeten Sprachwissenschaftlern verfasst und richten sich an Leser, die bereits über linguistische Grundkenntnisse verfügen. Die Artikel umfassen die Kategorien:

- *Dictionary articles* (mit Definitionen und Erläuterungen zu linguistischen Konzepten)
- *Survey articles* (bieten einen Überblick über die Forschung zu einem linguistischen Fachgebiet)
- *Biographical articles* (biographische Artikel zu – überwiegend bereits verstorbenen – Linguisten)
- *Language articles* (informieren über Einzelsprachen, ihre Verbreitung, die Zahl der Sprecher etc.)
- *Linguistic research articles* (Artikel über linguistische Forschungsinstitutionen, Konferenzen und Fachzeitschriften)
- *Linguists* (Artikel zu lebenden Linguisten; sie beschränken sich zumeist auf Links zu aktuellen Webangeboten)

Wie Wikipedia ist auch Glottopedia mehrsprachig angelegt (die meisten Artikel sind auf Englisch und Deutsch verfasst), allerdings sind hier alle Artikel unter einer Oberfläche recherchierbar.

8.4 Biographische Nachschlagewerke

Eine Sonderform der Nachschlagewerke bilden biographische Verzeichnisse, also Verzeichnisse, in denen sich Informationen zu Personen finden. In der Regel sind biographische Nachschlagewerke für die Arbeit von Linguisten von untergeordneter Bedeutung, dennoch kann es in einzelnen Fällen auch für Linguisten nötig sein, Informationen zu einer Person – meist einem Sprachwissenschaftler – zu suchen.

Da für viele Staaten, Regionen, Zeitabschnitte und Berufsgruppen biographische Verzeichnisse existieren, ist es für die Suche nach Personendaten sinnvoll, auf Angebote zuzugreifen, über die möglichst viele Datenquellen gemeinsam recherchierbar sind. Für den deutschsprachigen Bereich sind dies die *Deutsche Biographie* und das *Biographie-Portal*. Mit diesen kostenfreien Angeboten können Sie jeweils rund 100 000 Personen aus dem deutschsprachigen Raum recherchieren. Vergleichbare biographische Verzeichnisse bestehen auch für andere Länder.

Das weltweit umfassendste biographische Verzeichnis ist das *World Biographical Information System* (WBIS). Diese lizenzpflichtige Datenbank bietet 8,5 Millionen biographische Artikel zu mehr als 6 Millionen Personen, darüber hinaus stehen kurze biographische Daten zu weiteren 5,6 Millionen Personen zur Verfügung.

<aside>Biographische
Verzeichnisse</aside>

Neben diesen fachübergreifenden biographischen Nachschlage-werken, in die nur verstorbene Personen aufgenommen sind, existie-ren auch einige wenige biographische Verzeichnisse für Linguisten.

Das wichtigste sprach- und spartenübergreifende biographische Nachweisinstrument für Linguisten ist das *Directory of Linguists*. An-geboten wird dieses kostenfreie Verzeichnis im Rahmen von LINGUIST List (s. o. S. 76). Nachgewiesen sind rund 30 000 Linguisten mit ihren Publikationen, Fachgebieten, den von ihnen erforschten Sprachen und ihren Forschungsinstitutionen. Recherchiert werden kann nicht nur nach den Namen der Personen, sondern auch nach allen hier ge-nannten Kriterien. Die Artikel werden in der Regel von den verzeich-neten Personen selbst angelegt und müssen von diesen auch gepflegt und aktualisiert werden; insofern sind die einzelnen Einträge bezüg-lich ihres Umfangs und ihrer Aktualität sehr heterogen.

9 Sprache als Forschungsgegenstand

Neben den klassischen Rechercheinstrumenten, die zumeist Auskunft über die Forschungsergebnisse von Linguisten geben, gibt es im Be-reich der Sprachwissenschaften noch einige Typen von Informations-ressourcen, in denen sich Informationen zu den Sprachen selbst, also zum eigentlichen Forschungsgegenstand der Linguistik, finden.

Mit Sprachverzeichnissen, Sprachatlanten, Wörterbüchern sowie Text- und Sprachkorpora werden in diesem Kapitel einige wichtige Informationsmittel vorgestellt. Sie geben einen Überblick über einzel-ne Sprachen, ihre geographische Verbreitung, ihren Aufbau und ihre Funktionsweise und präsentieren – als Grundlage für die weitere lin-guistische Untersuchung – Beispielsammlungen in Form von geschrie-bener bzw. gesprochener Sprache.

Grundsätzlich können hier nur einige wenige, besonders wichtige oder innovative Angebote exemplarisch vorgestellt werden, ein Schwerpunkt liegt auch hier auf den Angeboten zur germanistischen, anglistischen und romanistischen Linguistik. Auf Verzeichnisse, in denen die entsprechen-den Ressourcen nachgewiesen sind, wird ebenfalls hingewiesen.

9.1 Sprachverzeichnisse

Die erste Voraussetzung für die Beschäftigung mit Sprachen – insbe-sondere mit weniger bekannten Sprachen – sind verlässliche Informa-tionen über existierende Sprachen, ihre Namen, ihre Verbreitung, die

Zahl ihrer Sprecher, ihre Funktionsweise sowie die jeweils verwendeten Schriftsysteme.

Eines der wichtigsten Sprachverzeichnisse ist *Ethnologue – Languages of the World*. Erarbeitet wird dieses Verzeichnis von *SIL International* (ehemals Summer Institut of Linguistics), einer Forschungsinstitution, an der mittlerweile mehr als 5000 Linguisten aus aller Welt mitarbeiten, um kleine und kleinste Sprachen zu erforschen und zu dokumentieren. Angeboten wird das Verzeichnis als kostenfreie Online-Datenbank, darüber hinaus ist jedoch auch eine Print-Ausgabe erhältlich:

Ethnologue

> Ethnologue. Languages of the World. Hrsg. von M. Paul Lewis. 16. Aufl. Dallas, Tex.: SIL International 2009. 1248 S., Kt.

Verzeichnet werden alle bekannten 6909 Sprachen, wobei auch die verschiedenen Bezeichnungen für die einzelnen Sprachen angegeben werden (mehr als 41 000 Bezeichnungen, diese Informationen können für weiterführende Recherchen ungemein wichtig sein). Informationen finden sich zur Anzahl der Sprecher, zur geographischen Verbreitung der Sprache (unterstützt durch Kartenmaterial), zu den bekannten Dialekten und den verwendeten Schriftsystemen. Darüber hinaus bietet das Lexikon in vielen Fällen Kommentare sowie Hinweise zu forschungsrelevanter Sekundärliteratur und zu Literatur in der entsprechenden Sprache.

Weitere Artikel fassen die sprachliche Situation einzelner Länder zusammen. Hier finden sich detaillierte Angaben zu den im Land gesprochenen Sprachen, wobei sowohl die Dialekte der einheimischen Sprachen als auch die Sprachen von Minoritäten und Immigranten berücksichtigt werden.

In der Online-Version bietet Ethnologue sowohl eine Suchoberfläche mit einer Volltextsuche an als auch die Möglichkeit des Browsings über Länder, Sprachen, Sprachenkodes und Sprachfamilien.

Eine wesentliche Bereicherung des eigentlichen Sprachverzeichnisses von Ethnologue ist die *SIL Bibliography*, eine sprachwissenschaftliche Spezialbibliographie, in der die wissenschaftlichen Arbeiten von SIL International-Mitarbeitern zu einzelnen Sprachen (19 000 Titelnachweise zu ca. 2700 Sprachen) ebenso verzeichnet sind wie Publikationen in den jeweiligen Originalsprachen (ca. 11 500). Durch die Beschränkung auf die Veröffentlichungen der Mitarbeiter von SIL International ist die Bibliographie zwar nicht vollständig, bietet jedoch in vielen Fällen einen guten Einstieg in die linguistische Fachliteratur zu einer Sprache.

SIL Bibliography

Zwei weitere, gedruckte Sprachverzeichnisse, die – soweit vorhanden – auch die deutschen Sprachbezeichnungen der Einzelsprachen berücksichtigen, sind:

Albrecht Klose: Sprachen der Welt. Ein weltweiter Index der Sprachfamilien, Einzelsprachen und Dialekte mit Angabe der Synonyme und fremdsprachlichen Äquivalente. 2., erw. und überarb. Aufl. München: Saur 2001. 556 S.

Hartmut Motz: Sprachen und Völker der Welt. Linguistisch-ethnographisches Lexikon. 3 Bde. Halle: Projekte-Verlag 2007. 1298 S.

MultiTree

Sprachen stehen untereinander in vielfältigen Beziehungen. In vielen Forschungsarbeiten haben Linguisten Modelle von Sprachfamilien, Untergruppen und sonstigen Verwandtschaftsbeziehungen entwickelt, wobei sie nicht immer zu übereinstimmenden Ergebnissen gelangen. Aus diesem Grund ist es wichtig und sinnvoll, Sprachen nicht nur einzeln zu betrachten, sondern sie auch in ihren Verwandtschaftsverhältnissen darzustellen. In besonderer Weise gelingt dies dem Online-Angebot *MultiTree – A Digital Library of Language Relationships*, da hier auch konkurrierende Modelle veranschaulicht werden können.

Für die Auswahl einer gewünschten Sprachfamilie, einer Untergruppe, einer Sprache oder eines Dialekts kann man eine Suchoberfläche verwenden oder die Auswahl über eine Sprachsystematik treffen, die für die einzelnen Kontinente angeboten wird. Angezeigt wird dann eine Liste von wissenschaftlichen Arbeiten, in denen die Verwandtschaftsverhältnisse der jeweiligen Sprachen beschrieben werden. Durch Anklicken einer Arbeit werden die Ergebnisse der jeweiligen Studie in einem Stammbaummodell visualisiert. Unterschiedliche Theorien zu den Abstammungsverhältnissen lassen sich mittels Screen-Splitting direkt miteinander vergleichen.

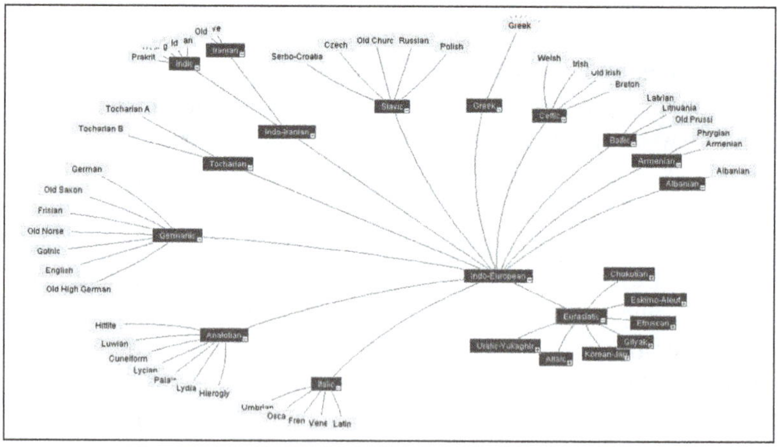

Abb. 29: Verwandtschaftsverhältnisse der indo-europäischen Sprachfamilie nach Greenberg 2002, aus MultiTree

Eine Betrachtung bzw. ein Vergleich verschiedener Sprachen aufgrund ihrer Struktur ermöglicht der *World Atlas of Language Structures Online* (WALS Online). Dieses Sprachenverzeichnis, das auch als
Buchausgabe und CD-ROM erschienen ist, beschreibt rund 2700 Einzelsprachen anhand von ca. 140 phonologischen, lexikalischen und
grammatikalischen Kategorien (z. B. Vowel Nasalization, Reduplica-
tion, Number of Genders, The Past Tense). Jede der erfassten Einzel-
kategorien wird in einem eigenen Kapitel beschrieben. Durch diese
differenzierte Analyse kann für eine ausgewählte Sprache angezeigt
werden, welche der berücksichtigten Einzelphänomene hier nach-
weisbar sind und welche nicht. Umgekehrt lassen sich alle Sprachen
anzeigen, die ein ausgewähltes strukturelles Phänomen aufweisen
(oder auch nicht).

**World Atlas of
Language Structures**

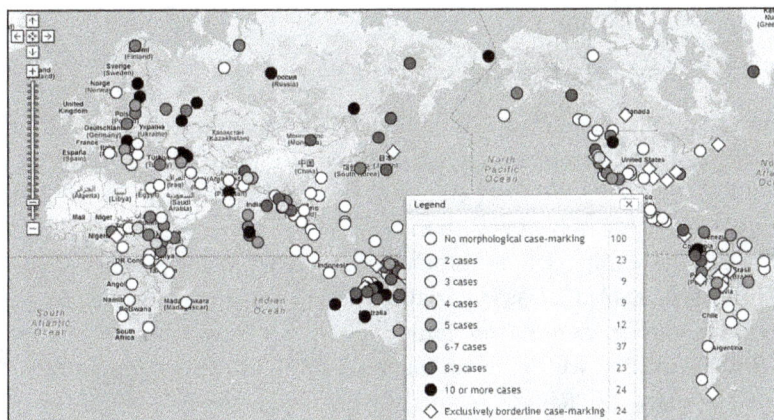

Abb. 30: WALS Online, Kasussysteme, Anzahl der Fälle

Besonders anschaulich wird die Verteilung einzelner sprachlicher
Phänomene durch die Visualisierung der Suchergebnisse des World
Atlas of Language Structures auf einer Karte.

Die besondere Übersichtlichkeit dieser Darstellungsform hat dazu
geführt, dass sich mit den Sprachatlanten schon vor über 100 Jahren
eine eigenständige Form der Darstellung linguistischer Forschungsergebnisse etabliert hat, die heute durch die digitale Technik neue Möglichkeiten der Vernetzung, der interaktiven Anwendung und der multi-
medialen Ausgestaltung erfährt.

9.2 Sprachkarten und Sprachatlanten

Sprachkarten und Sprachatlanten dienen der Lokalisierung und Visualisierung sprachlicher Phänomene. Dies kann eine recht einfache Darstellung von Verbreitungsgebieten einzelner Sprachen sein; es lassen sich so jedoch auch die Ergebnisse von komplexeren sprachlichen Untersuchungen, z.B. zum Vorkommen verschiedener Begriffe und ihrer Aussprache, darstellen. Die Resultate solcher linguistischer Untersuchungen werden auf den Punkten einer Karte eingetragen, an denen die Befragungen stattgefunden haben (sogenannte Erhebungsorte). Die Grenzen, an denen sich ein untersuchtes Merkmal ändert, die sogenannten Isoglossen, werden mit einer Linie gekennzeichnet. Fallen viele Isoglossen zusammen, markieren sie Sprach- und Dialektgrenzen.

9.2.1 Sprachübergreifende Sprachatlanten

Atlas of the World's Languages

Einer der wichtigsten Sprachatlanten für die gesamte Welt ist der *Atlas of the World's Languages* von R. E. Asher und Christopher Moseley, der 2007 in der zweiten Auflage erschienen ist. Auf 108 Seiten werden hier rund 6000 Sprachen verzeichnet.

Auf die europäischen Sprachen beschränkt sich der *Atlas Linguarum Europae* (ALE). Das Material zu diesem areallinguistischen Großprojekt, das in den 1970er Jahren unter der Schirmherrschaft der UNESCO initiiert wurde, ist an mehr als 2600 Erhebungsorten gesammelt worden, die sich von Island bis zum Ural erstrecken; verantwortlich für die einzelnen Sprachen sind 47 Nationalkomitees. Insgesamt verzeichnet der Atlas Linguarum Europae 90 Sprachen und Dialekte. Neben der Verbreitung der einzelnen Sprachen in Europa dokumentiert er auch sehr gut die Auswirkungen des Sprachkontakts. Die ersten Teile dieses umfangreichen Werks wurden 1975 publiziert, von 1983 bis 2007 erschienen sieben Faszikel mit Karten, derzeit wird auch eine Publikation im Internet vorbereitet.

LL MAP

Das Projekt *LL-MAP* weist nicht nur eine große Anzahl von Sprachkarten aus der ganzen Welt nach, es bietet auch die faszinierende Möglichkeit, sprachgeographisches Datenmaterial (Languages Locations und Language Traits) aus der ganzen Welt zu visualisieren und mit anderen geographischen Daten zusammenzubringen (Demographics, Climate, Political Divisions, Geography, Flora and Fauna). Die statischen Sprachkarten werden auf diese Weise Teil eines geographischen Informationssystems. Im System hinterlegt sind Sprachkarten aus un-

terschiedlichen Quellen. Diese lassen sich entweder in ihrem originalen Kontext betrachten (View Map) oder sie können – für die weitere
Bearbeitung bzw. für die Kombination mit anderen Daten – in den Map
Viewer geladen werden. Bei der Suche nach Kartenmaterial kann nach
Sprachen, Ländern und Regionen differenziert werden, auch die Navi-
gation über eine interaktive Weltkarte wird angeboten. Über einen eigenen Arbeitsbereich von LL-MAP lassen sich zudem eigene geoinde-
xierte Daten zu einer Karte, beispielsweise einer Sprachkarte, verarbeiten (Map your Data).

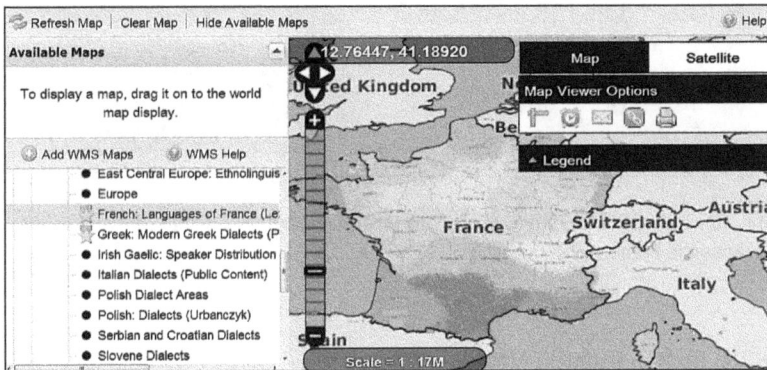

Abb. 31: Arbeitsoberfläche von LL-MAP

Einen inhaltlichen Schwerpunkt auf die bedrohten Sprachen legt der
UNESCO Atlas of the World's Languages in Danger. In Buchform ist dieser Sprachatlas 2010 in der 3. Auflage erschienen, er verzeichnet 2500
der rund 3000 bedrohten Sprachen (von denen 230 seit 1950 bereits
ausgestorben sind). Der Atlas nennt die Namen der verzeichneten
Sprachen, den Grad der Bedrohung und die Länder, in denen die jeweilige Sprache gesprochen wird. Ergänzende Informationen finden
sich in einem komplementären Online-Angebot, dem *UNESCO Interactive Atlas of the World's Languages in Danger*, der beständig aktualisiert
und erweitert wird und über komplexere Recherchemöglichkeiten verfügt. Hier finden sich – über die Informationen der Printausgabe hinaus – weitere Angaben zu Quellen, Bibliographien, Webseiten und anderen Ressourcen zu den jeweiligen Sprachen. Über ein Formular
können Nutzer des Online-Angebots hier auch Korrekturen und Ergän-
zungen des Datenmaterials vornehmen, weitere Informationen bzw.
Online-Ressourcen zu den Sprachen einbringen und auf Projekte zum
Schutz bzw. zur Rettung der Sprachen hinweisen.

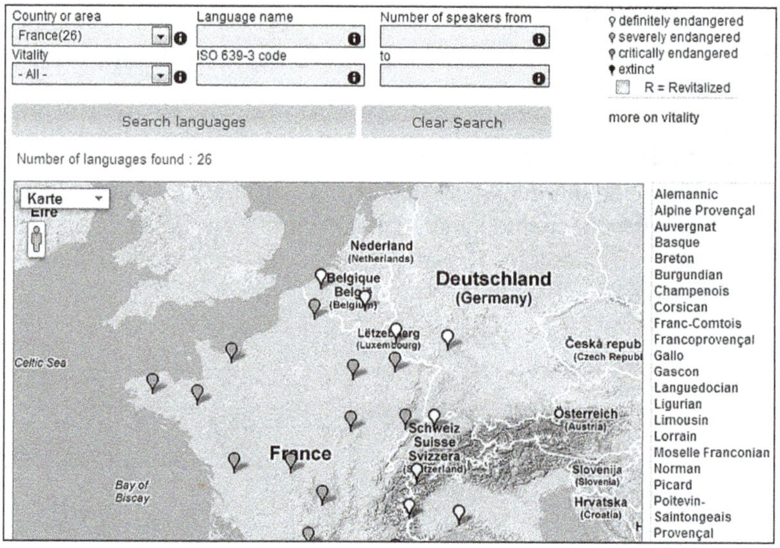

Abb. 32: UNESCO Interactive Atlas of the World's Languages in Danger, gefährdete Sprachen in Frankreich

9.2.2 Sprachatlanten einzelner Sprachen

Wesentlich genauere Aussagen über eine Sprache bieten Sprachatlanten, die sich nur mit einer einzigen Sprache beschäftigen. Hierbei werden nicht nur ihre Verbreitung und die Anzahl der Sprecher dargestellt, sondern auch phonetische und lexikalische Abweichungen innerhalb ihres Verbreitungsgebietes. Wenn Sie sich mit einer einzelnen Sprache beschäftigen, ist es daher auf jeden Fall sinnvoll, mit Sprachkarten bzw. mit einem Sprachatlas dieser Sprache zu arbeiten.

Deutscher Sprachatlas

Der *Deutsche Sprachatlas* (DSA), der umfassendste Sprachatlas für das deutschsprachige Gebiet, geht auf Georg Wenker zurück, der Ende des 19. Jahrhunderts einen Textbogen mit rund 40 Mustersätzen an alle Schulorte im Deutschen Reich verschickte (insgesamt mehr als 40 000). Die Sätze dieser sogenannten *Wenkerbögen* wurden in der jeweiligen lokalen Sprachform wiedergegeben und in Marburg gesammelt. Wenkers Methode der indirekten Befragung von Laien ist zwar nicht unproblematisch, jedoch ist das Werk bis heute der nach Datenumfang und Ortsnetzdichte größte Sprachatlas der Welt. Von 1888 bis 1923 wurde das Datenmaterial auf mehr als 1600 farbige, handgezeichnete Karten übertragen und für die Veröffentlichung vorbereitet. Nachdem der Versuch einer vollständigen Publikation des Daten- und Kartenmaterials zunächst scheiterte, erschien 1984 bis 1999 der *Kleine Deutsche Sprach-*

atlas (KDSA, Tübingen: Niemeyer, 2 Bände in 4 Teilbänden), seit 2001 steht das gesamte Material im Rahmen des Digitalen Wenker-Atlasses kostenfrei online zur Verfügung.

Angeboten wird der *Digitale Wenker-Atlas* (DiWA) vom Forschungszentrum Deutscher Sprachatlas in Marburg, das zugleich ein wichtiges Zentrum für die Erforschung deutscher Dialekte, Standardvarietäten und Regionalsprachen sowie der sprachgeographischen Forschung ist. Recherchiert werden kann im Digitalen Wenker-Atlas nach einzelnen Wenker-Bögen und nach einzelnen Karten, wobei für die Suche nach den Karten auch ein morphologisches, ein phonologisches und ein historisches Register zur Verfügung stehen.

Digitaler Wenker-Atlas

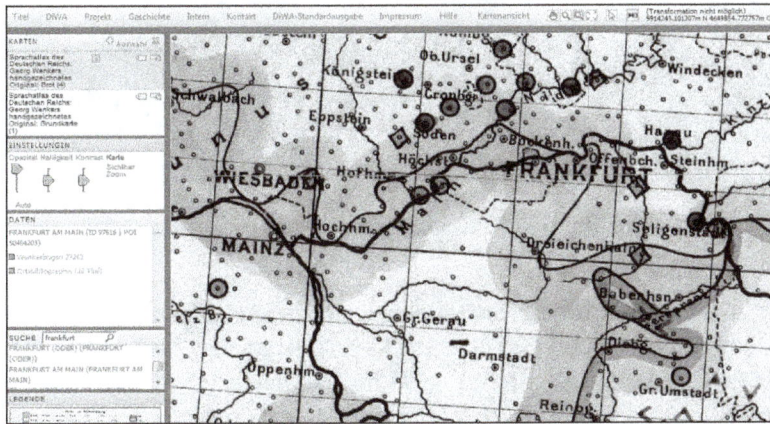

Abb. 33: DiWA, Ausschnitt aus der Karte 419, „Brot"

Mittlerweile gehen die Arbeiten am Digitalen Wenker-Atlas weit über eine Online-Publikation des Datenmaterials – das schon mehr als 100 Jahre alt ist – hinaus. Das gesamte Kartenmaterial wurde georeferenziert und kann so mit anderen georeferenzierten Materialien verknüpft werden, z. B. mit modernen Sprachkarten, wodurch sich die Entwicklung der einzelnen Dialekte in räumlicher und zeitlicher Perspektive untersuchen lässt. Ebenfalls bereits mit den Karten des Digitalen Wenker-Atlasses verknüpft sind die Images der entsprechenden Wenker-Bögen sowie die bibliographischen Daten aus der – ebenfalls vom Forschungszentrum Deutscher Sprachatlas angebotenen – *Georeferenzierten Online-Bibliographie Areallinguistik* (GOBA).

Entsprechend dieser Aufgabenschwerpunkte verfügt das Forschungszentrum in Marburg über eine umfangreiche Spezialbibliothek zu allen Fragen der Dialektologie (rund 36 000 Bände), große

Sammlungen von Forschungsdaten, linguistische Sprachdatenerhebungs- und Analyseeinrichtungen sowie über ein sprachgeographisches Computerlabor.

REDE
Regionalsprache.de

Ein wichtiges Projekt, das die technische Weiterentwicklung der Darstellungsformen und die Verknüpfung areallinguistischer Daten befördern will, ist *Regionalsprachen.de* (REDE). Hier sollen u. a. dialektologische und soziolinguistische Daten miteinander in Beziehung gesetzt und in ihren räumlichen und zeitlichen Veränderungen visualisiert werden.

Abb. 34: REDE, Sprachliche und geographische Grenzen im Höhenprofil

Aber nicht nur für einzelne Sprachen stehen Sprachatlanten zur Verfügung, sondern auch für einzelne Regionalsprachen, Mundarten und Soziolekte. Bekannte Großprojekte für den deutschsprachigen Raum sind z. B. der *Südwestdeutsche Sprachatlas*, der *Mittelrheinische Sprachatlas* und der *Sprachatlas der deutschen Schweiz*. Zugänglich sind diese Sprachatlanten vor allem in umfangreichen Druckexemplaren.

Neben diesen umfassenden Atlanten der deutschen Regionalsprachen, die oft in jahrzehntelanger Arbeit entstanden sind, gibt es auch zahlreiche kleinere Werke, in denen die wichtigsten sprachlichen Phänomene einer Regionalsprache oder eines Dialekts übersichtlich dargestellt sind.

Sprechender Sprach-
atlas von Bayern

Besonders eindrucksvoll hinsichtlich seiner technischen Möglichkeiten ist in diesem Bereich der *Sprechende Sprachatlas von Bayern*. Die Karten dieses kostenfreien Online-Angebots stammen aus dem *Kleinen Bayerischen Sprachatlas* von 2006, der seinerseits auf sechs umfangreichen wissenschaftlichen Sprachatlanten basiert. Das Kartenmaterial dieser Atlanten beruht auf Befragungen, die zwischen 1984 und 1995 in 1600 Orten in ganz Bayern durchgeführt wurden. Das Tonmaterial, das dem Sprechenden Sprachatlas von Bayern zugrunde liegt und an den entsprechenden Stellen direkt abgespielt werden kann, wurde 2006 in 70 bayerischen Orten aufgenommen, daher stimmt es

nicht immer exakt mit den phonetischen Angaben in den Karten über-
ein. Präsentiert werden im Sprechenden Sprachatlas von Bayern vor
allem lexikalische und phonetische Besonderheiten der verschiedenen Dialekte. Für jedes sprachliche Phänomen lässt sich eine eigene
Karte aufrufen, darüber hinaus können sogenannte Sprachrouten abgespielt werden, die die sprachlichen Besonderheiten der einzelnen
Regionen verdeutlichen. Die hinterlegte Basiskarte von Bayern kann
individuell gestaltet werden, z. B. durch die Einblendung von Städten
und Orten, Regierungsbezirken, Gewässern, Dialektgrenzen oder einer
Reliefkarte.

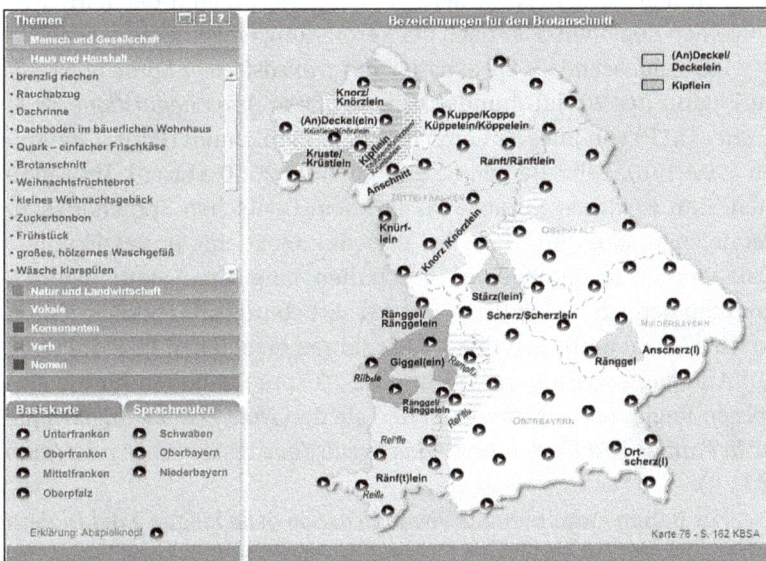

Abb. 35: Sprechender Sprachatlas von Bayern, Bezeichnungen für den Brotan-
schnitt mit Buttons zum Abspielen der Audiofiles

Wichtige aktuelle Sprachatlanten für die *englische Sprache* bzw. für die
sprachliche Situation in Nordamerika bieten die Linguistic Atlas Projects, der Atlas of North American English und der MLA Language Atlas
of the United States.

Hinter den *Linguistic Atlas Projects* verbergen sich zehn unabhän-
gige linguistische Forschungsprojekte, die sich mit den Varietäten der
heutigen englischen Sprache in den USA beschäftigen. Die meisten der
teilnehmenden Projekte haben einen geographischen Schwerpunkt,
zum Teil stehen aber auch spezielle Bevölkerungsschichten im Fokus
der Untersuchungen. Über die Website der Linguistic Atlas Projects

Linguistic Atlas Projects

präsentieren alle Projekte die Ergebnisse ihrer Feldforschung, die Forschungsdaten und die daraus erstellten Sprachkarten.

Atlas of North American English

Einen umfassenden Überblick über die lautliche Entwicklung des nordamerikanischen Englisch bietet der 2006 von William Labov, Sharon Ash und Charles Boberg veröffentlichte *Atlas of North American English – Phonetics, Phonology and Sound Change* (Berlin: Mouton de Gruyter). Zu dem gedruckten Band gehört eine interaktive CD-ROM, beide Teile werden auch online angeboten.

MLA Language Map

Ein reines Online-Angebot ist die *MLA Language Map* der Vereinigten Staaten. Sie zeigt – basierend auf einer im Jahr 2000 durchgeführten Volkszählung – die Verteilung von dreißig nicht-englischen Sprachen in den USA. Recherchiert werden kann anhand der Karten zu einzelnen Regionen oder nach der Verbreitung einzelner Sprachen.

Atlas linguistique de la France

Der umfassendste Sprachatlas der *französischen Sprache* ist der zu Beginn des 20. Jahrhunderts entstandene *Atlas linguistique de la France* (ALF) von Jules Gilliéron und Edmond Edmont (Paris: Champion 1902–1910, zehn Bände, insgesamt rund 2000 Karten). Im weitesten Sinn ist dieser Sprachatlas mit dem Deutschen Sprachatlas zu vergleichen, allerdings fand bei diesem Projekt eine professionellere Datenerhebung durch einen geschulten Linguisten statt; dadurch konnten jedoch wesentlich weniger Erhebungsorte berücksichtigt werden (rund 640). Seit den 1950er Jahren erschienen in Frankreich auf Anregung von Albert Dauzat rund 20 Sprachatlanten für die einzelnen Regionen, zusammen bilden sie den *Nouvel atlas linguistique de la France* (NALF) bzw. den *Atlas linguistique de la France par région* (ALFR).

VIVALDI

Für Italien kann hier auf *Vivaio Acustico delle Lingue e dei Dialetti d'Italia* (VIVALDI) verwiesen werden, den akustischen Sprachatlas der Dialekte und Minderheitensprachen Italiens.

9.3 Wörterbücher

Wörterbücher gehören zweifellos zu den wichtigsten Informationsmitteln für die wissenschaftliche Beschäftigung mit einer Sprache. Zum Teil beschränken sich Wörterbücher auf die reine Präsentation des Wortschatzes einer Sprache, zum Teil bieten sie umfangreiche Erläuterungen zu einzelnen Aspekten (bei etymologischen Wörterbüchern z. B. zur Entstehung und zur Geschichte eines Wortes), zum Teil verweisen sie auf andere Wörter, die mit den aufgeführten Begriffen in einer Beziehung stehen (Synonyme, Adversative, fremdsprachige Entsprechungen etc.).

Aufgrund der schier unüberschaubaren Vielfalt der Angebote besteht die wichtigste Aufgabe bei der Benutzung von Wörterbüchern für wissenschaftliche Zwecke daher zunächst darin, das für die eigene Fragestellung relevante Wörterbuch zu finden (oder die relevantesten Wörterbücher). Das quantitativ umfangreichste Angebot muss hierbei nicht immer das beste sein.

In ihrer inhaltlichen Ausrichtung und in der Form ihrer Darstellung können Wörterbücher äußerst vielfältig sein. Neben den bekannten einsprachigen Wörterbüchern wie dem Duden umfasst diese Gruppe u. a. auch Fremdwörterbücher, Synonymwörterbücher, etymologische Wörterbücher, Aussprachewörterbücher und Wörterbücher zum Sprachgebrauch einzelner Autoren. Neben die einsprachigen Wörterbücher treten auch zwei- und mehrsprachige Ausgaben sowie Wörterbücher älterer Sprachstufen.

Typen von Wörterbüchern

In der Regel sind die Einträge in Wörterbüchern, die sogenannten *Lemmata*, alphabetisch angeordnet, allerdings kommen zum Teil auch andere Ordnungsprinzipien vor, so z. B. bei Wortfamilienwörterbüchern oder rückläufigen Wörterbüchern.

Auch bei Wörterbüchern bietet die digitale Publikation für den Nutzer erhebliche Vorteile:

1. Es bestehen wesentlich komplexere Recherchemöglichkeiten (meist auch eine Volltextsuche).
2. Online publizierte Wörterbücher können ständig aktualisiert bzw. um neue Belegstellen ergänzt werden. Dieser Aspekt ist vor allem für Wörterbücher zur Gegenwartssprache von großer Bedeutung.
3. Aussprachebeispiele lassen sich als Audiofiles einfügen.
4. Die Darstellung der Inhalte ist flexibler (z. B. Umstellung von alphabetischer auf rückläufige Anordnung der Lemmata).
5. Durch entsprechende Bearbeitung lassen sich zum Teil mehrere Wörterbücher gleichzeitig benutzen.

Einen umfassenden Überblick über elektronische Wörterbücher gibt *OBELEXdict* (Online-Bibliographie zur elektronischen Lexikographie – Wörterbücher). Diese Bibliographie wird vom Institut für Deutsche Sprache angeboten und verzeichnet derzeit rund 17 000 Wörterbücher. Ergänzt wird *OBELEXdict* durch *OBELEXmeta* (Online-Bibliographie zur elektronischen Lexikographie – Forschungsliteratur), eine Spezialbibliographie die rund 1200 Publikationen zur elektronischen Lexikographie verzeichnet. Ausschließlich kostenfreie Wörterbücher finden sich im *Alpha Dictionary Language Directory*. Neben ein- und zweisprachigen Wörterbüchern werden hier auch Spezialwörterbücher, Grammatiken und andere Quellen zu den einzelnen Sprachen verzeichnet.

Wörterbuch-Verzeichnisse

Eine Zusammenstellung der wichtigsten Online-Wörterbücher bieten – unabhängig von ihren Lizenzbedingungen – DBIS und die jeweiligen sprachbezogenen Virtuellen Fachbibliotheken (s. o. S. 31 u. 75).

9.3.1 Wörterbücher der Gegenwartssprache

Für die Dokumentation der Gegenwartssprache, die sich naturgemäß ständig verändert, eignet sich die digitale Publikation von Wörterbüchern besonders. Dementsprechend liegen fast alle wissenschaftlichen Wörterbücher, die sich mit der Gegenwartssprache beschäftigen, mittlerweile in elektronischer Form vor. Dies betrifft auch die großen Projekte zur Beschreibung der deutschen Sprache der Gegenwart, das Digitale Wörterbuch der deutschen Sprache des 20. Jahrhunderts, das elexiko und das Wortschatzportal der Universität Leipzig.

D W D S

Ziel des von der Berlin-Brandenburgischen Akademie der Wissenschaften angebotenen *Digitalen Wörterbuchs der deutschen Sprache des 20. Jahrhunderts* (DWDS) ist die Erstellung eines umfassenden digitalen Wortinformationssystems zur deutschen Sprache der Gegenwart und des 20. Jahrhunderts. Grundlage des DWDS sind zum einen verschiedene Wörterbücher, darunter das *Wörterbuch der deutschen Gegenwartssprache*, das 1952 bis 1977 in der DDR erarbeitet wurde. Zum anderen stützt sich das DWDS auf umfangreiche Textkorpora, die ausgewertet und in das digitale Angebot integriert wurden, u. a. das Korpus der deutschen Sprache im 21. Jahrhundert und das DWDS-Kernkorpus für das 20. Jahrhundert (dieses umfasst insgesamt 100 Millionen Wörter, darunter 2,2 Millionen verschiedene Wortformen).

Bei der Recherche lassen sich einzelne Wörterbücher bzw. Korpora auswählen. Die Trefferanzeige bietet neben dem Wörterbuchartikel im Wörterbuch der deutschen Gegenwartssprache (mit Links auf verwandte Begriffe) Informationen über Synonyme, über- und untergeordnete Begriffe und Textbeispiele. Kollokationen, also Wörter, die gehäuft in der Nachbarschaft des gesuchten Wortes vorkommen, werden in Form einer Wortwolke angezeigt; die Art der Relation kann hierbei individuell bestimmt werden (Akkusativobjekt, Attribut etc.). Diese Art der Darstellung von inhaltlichen und syntaktischen Bezügen einzelner Wörter bietet eine hervorragende Grundlage für weiterführende linguistische Analysen.

elexiko

Ebenfalls umfassende Informationen zu einzelnen Wörtern der Gegenwartssprache beinhaltet das *elexiko*, das vom Institut für Deutsche Sprache in Mannheim angeboten wird. Das elexiko bietet zu den rund 300 000 verzeichneten Wörtern orthographische Informationen, Informationen zur Bedeutung, zur semantischen Umgebung und zu „lexikalischen Mitspielern", zur typischen Verwendung, zur Grammatik, zu sinnverwandten Wörtern sowie zu Besonderheiten des Gebrauchs.

Neben dem elexiko bietet das Institut für Deutsche Sprache auf seiner Website noch fünf weitere elektronische Wörterbücher an: (1) das *Neologismenwörterbuch* (umfasst rund 1000 Wörter, die in den 1990er Jahren in den Allgemeinwortschatz eingegangen sind), (2) die Sammlung *Feste Wortverbindungen* (verzeichnet Verbindungen wie „recht und billig", „hoch und heilig" etc., die auf Grund statistischer Auswertungen ermittelt werden), (3) die Wörterbücher *Protestdiskurs 1967/68* und (4) *Schulddiskurs 1945–55* sowie (5) das *Sprichwörterbuch*.

Alle sechs Online-Wörterbücher des Instituts für Deutsche Sprache können über das *Online-Wortschatz-Informationssystem Deutsch* (OWID) auch gemeinsam durchsucht werden.

OWID

Ebenfalls umfassende Informationen zum deutschen Wortschatz (und zum Wortschatz aus mehr als 200 weiteren Sprachen) bietet das *Wortschatz-Portal* der Universität Leipzig. Auch hier erhalten Sie umfassende Informationen über die Häufigkeit und die Morphologie einzelner Wörter, über ihre Beziehungen zu anderen Begriffen (Synonyme, Grundformen, Untergruppen etc.) und ihre Zugehörigkeit zu Bedeutungsgruppen; auch ein Kookkurrenzprofil wird erstellt. Die Daten werden hierbei aus frei zugänglichen Quellen ausgewählt und automatisch erhoben.

Wortschatz-Portal

Das wichtigste wissenschaftliche Wörterbuch der gesamten anglophonen Welt ist das *Oxford English Dictionary* (OED). Die erste Auflage dieses traditionsreichen Wörterbuchs erschien 1884, die letzte, eine 20-bändige Printausgabe mit rund 600 000 Worteinträgen, 1989. Die nächste Auflage soll 2037 ihren Abschluss finden. Das Oxford English Dictionary ist nicht nur ein Inventar des englischen Wortschatzes der Gegenwart, es dokumentiert auch die Entwicklung der englischen Sprache vom Mittelalter bis zur Gegenwart. Verdeutlicht wird der Sprachgebrauch (und damit auch die unterschiedliche Verwendung einzelner Wörter in verschiedenen Zeiten) durch insgesamt rund drei Millionen Textzitate.

Oxford English Dictionary

Parallel zur Druckausgabe steht eine Online-Version zur Verfügung, die gegenüber der Printausgabe beständig erweitert wird. Diese Fassung bietet einen aktuelleren Datenbestand, einen wesentlich besseren Recherchezugriff sowie die Möglichkeit des Datenexports. Thematisch sind alle Wörter in einem Thesaurus verortet, über den sich Begriffe zu demselben Themenfeld recherchieren lassen. So sind z.B. die Begriffe „house" und „edification" dem Themenbereich „a building" zugeordnet, der seinerseits zum Bereich „inhabited place" gehört.

**Cambridge
Dictionaries
Online**

Sechs einsprachige und drei zweisprachige Wörterbücher (Englisch–Spanisch, Englisch–Türkisch und Spanisch–Englisch) stehen über die kostenfreie Plattform *Cambridge Dictionaries Online* zur Verfügung. Allerdings orientiert sich dieses Angebot stärker am praktischen Gebrauch als an linguistischen Fragestellungen.

Wichtige französische Wörterbücher sind vor allem das *Dictionnaire de l'Académie Française* und die verschiedenen Wörterbücher, die als „Le Robert" bezeichnet werden.

**Dictionnaire de
l'Académie Française**

Das *Dictionnaire de l'Académie Française* ist das offizielle französische Wörterbuch; es hat normativen Charakter, auch wenn dieser gesetzlich nicht verankert ist. Derzeit entsteht die 9. Auflage dieses traditionsreichen Werks. Bisher erschienen sind drei Bände, die den Buchstabenbereich A–Quo betreffen (zu den älteren Auflagen s. u. S. 105).

Le Robert

Sehr verbreitet sind die verschiedenen Wörterbücher, die unter der Bezeichnung „Le Robert" firmieren und nach ihrem ersten Herausgeber, dem französischen Lexikographen Paul Robert, benannt sind. Besonders verbreitet ist der „Petit Robert", das Standardwörterbuch der französischen Sprache, das in einer jährlichen Neuauflage erscheint. Es umfasst 60 000 Wörter mit 300 000 Bedeutungsangaben und 35 000 Belegstellen. Vergleichbar mit diesem Wörterbuch ist der ebenfalls jährlich neu aufgelegte *Petit Larousse*. Für den wissenschaftlichen Gebrauch ist in der Regel die Verwendung eines umfassenderen Wörterbuchs zu empfehlen, z. B. des *Grand Robert de la Langue Française*, dem sogenannten „Grand Robert". Dieses Großwörterbuch umfasst acht Bände und verzeichnet mehr als 100 000 Wörter mit 350 000 Bedeutungen, hinzu kommen 325 000 Belegstellen.

Alle hier aufgeführten Wörterbücher gibt es auch in elektronischen Ausgaben, den Petit Robert und den Petit Larousse auch als App.

9.3.2 Wörterbücher älterer Sprachstufen

Moderne Wörterbücher älterer Sprachstufen sind – wie auch die historischen Wörterbücher – von zentraler Bedeutung für fast alle Fragestellungen der diachronen Sprachwissenschaft.

Bei der philologischen Beschäftigung mit der mittelhochdeutschen Sprache sollte man – trotz ihres Alters – vor allem auf folgende Werke zurückgreifen:

Georg Friedrich Benecke, Wilhelm Müller, Friedrich Zarncke: Mittelhochdeutsches Wörterbuch. Nachdruck der Ausgabe Leipzig 1854–1866. 5 Bde. Stuttgart: Hirzel 1990. (Dieses als Wortfamilienwörterbuch konzipierte Standardwerk ist bis heute nicht überholt; es wird oft als „Benecke/Müller/Zarncke" bezeichnet.)

Matthias von Lexer: Mittelhochdeutsches Handwörterbuch. Nachdruck der Ausgabe Leipzig 1872–1878. 3 Bde. Stuttgart: Hirzel 1992. (Dieses Wörterbuch bildet einen alphabetischen Index zum „Benecke/Müller/Zarncke" und bezieht rund 34 000 zusätzliche Lemmata ein. Zu diesem Wörterbuch gehört ein 1992 ebenfalls nachgedruckter Band mit Nachträgen.)

Kurt Gärtner: Findebuch zum mittelhochdeutschen Wortschatz. Stuttgart: Hirzel 1992.

Um diese Werke jederzeit komfortabel benutzen zu können, wurden sie an der Universität Trier digitalisiert und stehen als *Mittelhochdeutsche Wörterbücher im Verbund* in einer kostenfreien Online-Version und als CD-ROM zur Verfügung. Jedes der Wörterbücher lässt sich einzeln aufrufen und separat recherchieren. Von der Anzeige der Lemmata aus lassen sich dann die entsprechenden Artikel in den anderen Wörterbüchern über Links direkt aufrufen. Zu fast allen verzeichneten Wörtern findet sich in den Wörterbüchern des Verbundangebots eine Vielzahl von Belegstellen aus der mittelhochdeutschen Literatur.

Mittelhochdeutsche Wörterbücher im Verbund

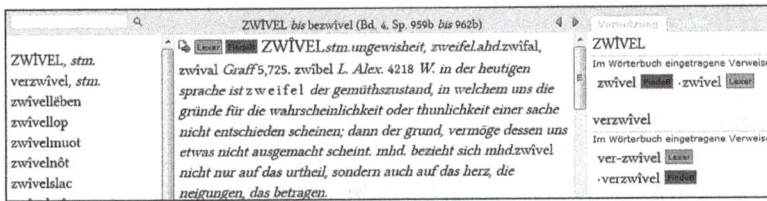

Abb. 36: Trefferanzeige im „Benecke/Müller/Zarncke"

Neben diesen nachträglich digitalisierten Wörterbüchern erscheint derzeit ein weiteres Wörterbuch, das *Mittelhochdeutsche Wörterbuch*, parallel in einer Print- und in einer Online-Version. Bisher bearbeitet ist erst der Alphabetbereich *a–êbentiure*, allerdings steht in der Online-Version bereits das vollständige Wortverzeichnis (Lemmaliste) zur Verfügung. Bei Begriffen, die noch nicht bearbeitet wurden, wird auf die entsprechenden Einträge der Mittelhochdeutschen Wörterbücher im Verbund verlinkt.

Ebenfalls stark sprachgeschichtlich ausgerichtet sind etymologische Wörterbücher, in denen die Entstehung eines Wortes erklärt wird. Das wichtigste etymologische Wörterbuch des Deutschen ist das *Deutsche etymologische Wörterbuch*, das nach seinem ersten Verfasser zumeist als „Kluge" bezeichnet wird. Neben der Printausgabe (25. Auflage, 2011, bearbeitet von Elmar Seebold) stehen auch eine Online-Ausgabe und eine App dieses Standardwerks zur Verfügung.

KLUGE

Die wichtigsten Wörterbücher des Alt- und Mittelenglischen sind das Dictionary of Old English (ca. 600–1150) und das Middle English Dictionary (ca. 1100–1500).

Dictionary of Old English

Das *Dictionary of Old English* (DOE) basiert auf dem *Old English Dictionary Corpus*, einem Textkorpus, das mehr oder weniger die gesamte altenglische Überlieferung umfasst (insgesamt rund drei Millionen Wörter). Das DOE ist erst zu rund einem Drittel abgeschlossen. Bereits publiziert sind die Buchstabenbereiche A–G. Zugänglich sind die bisher veröffentlichten Teile des Dictionary of Old English als CD-ROM und als lizenzpflichtige Online-Datenbank.

Middle English Dictionary

Das von der University of Michigan herausgegebene *Middle English Dictionary* (MED) geht in seiner Druckausgabe bis auf die 1920er Jahre zurück. Die letzte, 2001 veröffentlichte Ausgabe umfasst insgesamt 15 000 Seiten mit mehr als drei Millionen Belegstellen. Wie das Dictionary of Old English basiert auch das Middle English Dictionary auf einem umfassenden Textkorpus des Mittelenglischen. Seit 2007 steht eine Online-Ausgabe dieses Wörterbuchs kostenfrei im Netz zur Verfügung.

Middle English Compendium

Gemeinsam mit der *HyperBibliography of Middle English*, die alle vom Middle English Dictionary zitierten Texte nachweist, und dem *Corpus of Middle English Prose and Verse* bildet das Middle English Dictionary das *Middle English Compendium*.

Dictionnaire de l'ancienne langue française

Noch immer unverzichtbar für die Beschäftigung mit dem Alt- und Mittelfranzösischen ist das *Dictionnaire de l'ancienne langue française et de tous ses dialectes du 9e au 15e siècle* von Frédéric Godefroy, das 160 000 Lemmata verzeichnet. Dieses ursprünglich von 1882 bis 1902 in zehn Bänden erschienene Werk steht heute auch als lizenzpflichtige Online-Datenbank zur Verfügung.

Dictionnaire du Moyen Français

Ein wichtiges und leicht zugängliches Wörterbuch des Mittelfranzösischen ist das an der Universität Nancy erstellte *Dictionnaire du Moyen Français 1330–1500* (DMF). Diese kostenfreie Online-Datenbank umfasst mehr als 60 000 Lemmata mit rund einer halben Million Belegstellen und bietet komfortable Suchmöglichkeiten.

Wörterbuch-Portal

Eine Vielzahl weiterer wissenschaftlicher Wörterbuchprojekte – insbesondere auch Wörterbücher zu historischen Sprachstufen verschiedener Sprachen – findet sich auf dem *Wörterbuch-Portal*, einem kostenfreien Online-Angebot der Heidelberger und der Berlin-Brandenburgischen Akademie der Wissenschaften. Verlinkt wird u. a. auf das *Althochdeutsche Wörterbuch*, das *Sanskrit-Wörterbuch der Turfan-Funde*, das *Wörterbuch der griechischen Papyrusfunde* und auf den *Thesaurus linguae Latinae*.

9.3.3 Historische Wörterbücher

Ebenfalls wichtige Quellen für die Sprachgeschichte sind historische Wörterbücher. Wichtige historische Wörterbücher des deutschen Sprachraums sind vor allem der „Adelung" und das Deutsche Wörterbuch der Brüder Grimm:

> Johann Christoph Adelung: Grammatisch-kritisches Wörterbuch der hochdeutschen Mundart. 5 Bde. Leipzig: Breitkopf 1774–1786.

Adelung

Dieses erste Großwörterbuch der deutschen Sprache erschien von 1793 bis 1801, weitere Auflagen erfolgten 1808 und 1811. Besondere Beachtung erfahren vor allem die Herkunft, die Bedeutung und die Verwendung der einzelnen Lemmata. Neben den Druckausgaben stehen verschiedene kostenfreie digitale Fassungen dieses Werks zur Verfügung (Zeno.org: Ausgabe Leipzig 1793–1801, UB Bielefeld: Ausgabe Wien 1808 und Bayerische Staatsbibliothek: Ausgabe Wien 1811). Die umfangreichsten Recherchemöglichkeiten bietet die Ausgabe der Bayerischen Staatsbibliothek (Suche nach den einzelnen Stichwörtern und innerhalb des Gesamttexts).

> Jacob und Wilhelm Grimm: Deutsches Wörterbuch. 32 Bde. Leipzig: Hirzel 1854–1961.

DWB der Brüder Grimm

Das 1838 von den Brüdern Jacob und Wilhelm Grimm begonnene *Deutsche Wörterbuch* (DWB) ist mit 33 Bänden, fast 35 000 Seiten, mehr als 250 000 Stichwörtern und 600 000 Belegstellen bis heute das umfangreichste gedruckte Wörterbuch der deutschen Sprache. Ausführliche Informationen finden sich zur Bedeutung, Etymologie und Morphologie der einzelnen Lemmata sowie zu ihrer regionalen Verbreitung. Von 1998 bis 2004 wurde das Deutsche Wörterbuch an der Universität Trier digitalisiert, die elektronische Fassung steht in einer kostenfreien Online-Ausgabe und in einer CD-ROM-Ausgabe zur Verfügung.

Ein wichtiges und besonders einflussreiches englisches Wörterbuch – vor dem Einsetzen der ersten Auflage des Oxford English Dictionary 1884 – ist das *Dictionary of the English Language* von Samuel Johnson. Das zweibändige Werk erschien erstmals 1755, im 18. und 19. Jahrhundert erlebte es zahlreiche weitere Auflagen. Das Werk steht in einer kostenfreien Online-Ausgabe zur Verfügung.

Wichtige historische Wörterbücher des Französischen sind das Dictionnaire universel von Antoine Furetière und die frühen Auflagen des Dictionnaire de l'Académie Française:

Antoine Furetière: Dictionnaire universel contenant generalement tous les mots françois tant vieux que modernes, & les termes de toutes les sciences et des arts. Den Haag / Rotterdamm 1690. 2170 S. (Weitere Auflagen dieses Werks erschienen 1691, 1694, 1701, 1708, 1725 und 1728.)

Dictionnaire de l'Académie Française. 2 Bände. Paris: J. B. Coignand 1694. 1479 S. (Durch die beständigen Neuauflagen bildet dieses Wörterbuch sehr gut die Geschichte der französischen Sprache seit dem 17. Jahrhundert ab. Weitere Auflagen erfolgten in den Jahren 1718, 1740, 1762, 1798, 1835, 1879 und 1932 bis 1935.)

Einen umfassenden Überblick über die Fülle historischer Wörterbücher bietet:

Wolfram Zaunmüller: *Bibliographisches Handbuch der Sprachwörterbücher. Ein internationales Verzeichnis von 5600 Wörterbüchern der Jahre 1460–1958 für mehr als 500 Sprachen und Dialekte*. Stuttgart: Hiersemann 1958. 496 S.

9.3.4 Mehrsprachige Wörterbücher

Mehrsprachige Wörterbücher spielen vor allem in der Angewandten Sprachwissenschaft eine sehr große Rolle. In der Regel werden mehrsprachige Wörterbücher – gedruckt oder elektronisch – von einschlägigen Verlagen auf den Markt gebracht, daneben gibt es mittlerweile jedoch auch im Internet eine Vielzahl kostenfreier Angebote von guter Qualität.

Ein Beispiel für ein kostenpflichtiges Angebot sind die Wörterbücher der Oxford University Press, die als *Oxford Language Dictionaries Online* auch elektronisch vertrieben werden. Dieses Angebot enthält u. a. 10 einsprachige englische Wörterbücher, 20 weitere sprachwissenschaftliche Nachschlagewerke und 18 zweisprachige Wörterbücher, darunter die Sprachpaare:

- Englisch–Deutsch / Deutsch–Englisch (300 000 Einträge)
- Englisch–Französisch / Französisch–Englisch (350 000)
- Englisch–Spanisch / Spanisch–Englisch (340 000)
- Englisch–Italienisch / Italienisch–Englisch (180 000)
- Englisch–Latein / Latein–Englisch (45 000)

Grundlage dieses Online-Angebots sind die gedruckten Ausgaben der Oxford Dictionaries, allerdings bietet der multilinguale Zugang zu den Inhalten dieser Wörterbücher gerade für Linguisten einen erheblichen Mehrwert.

In der Anwendung sehr vielfältig und auch für die linguistische Forschung nicht uninteressant ist *Wiktionary*, das Wörterbuch der freien Enzyklopädie Wikipedia. Bei diesem kostenfreien Online-Angebot handelt es sich um ein mehrsprachiges Wörterbuch für den Wortschatz

Oxford Language Dictionaries Online

Wiktionary
[ˈwɪkʃənrɪ] *n.*,
a wiki-based Open
Content dictionary

aller Sprachen. Zwar ist der Umfang, in dem der Wortschatz der einzelnen Sprachen verzeichnet ist, sehr unterschiedlich (Deutsch ca. 250 000 Artikel, Englisch ca. 3,3 Millionen Artikel), der Informationsgehalt ist allerdings in vielen Artikeln sehr groß. Unter anderem finden sich Angaben zur Silbentrennung, Bedeutung, Aussprache (Lautschrift und Audiofile) und Herkunft der Wörter; aufgeführt werden darüber hinaus Abbildungen, Flexionstafeln, Synonyme, Ober- und Unterbegriffe, Adversative, abgeleitete Begriffe und Redewendungen sowie Übersetzungen in andere Sprachen.

9.3.5 Vernetzte Wörterbücher

Einige der in diesem Kapitel vorgestellten digitalen Angebote zeichnen sich durch eine Vernetzung von mehreren Wörterbüchern aus. Mit dem Wörterbuchnetz, dem Project lego und mit ODIN soll exemplarisch noch auf drei lexikalische Informationsquellen hingewiesen werden, bei denen diese Verbindung verschiedener Wörterbücher und Wörterbuchtypen besonders ausgeprägt ist.

Derzeit können über das von der Universität Trier angebotene *Wörterbuchnetz* 25 Wörterbücher recherchiert werden. Das Angebot umfasst:

Wörterbuchnetz

– Dialektwörterbücher
– Fachwörterbücher
– Wörterbücher älterer Sprachstufen
– Autorenwörterbücher
– Etymologische Wörterbücher
– Universallexika

Bisher ergibt eine Suche im gesamten Datenbestand des Wörterbuchnetzes meist nur Treffer, wenn die jeweiligen Wörterbücher das gesuchte Wort auch als eigenes Lemma verzeichnen. Ziel des noch im Aufbau befindlichen Projekts ist die umfassende Vernetzung aller enthaltenen Wörterbücher mit Hilfe von standardisierten Lemmata, den sogennannten Hyper-Lemmata. Auf diese Weise können künftig z. B. mit dem Suchbegriff *Brombeere* auch das mittelhochdeutsche Lemma *brâmber*, das italienische *mora* und die verschiedenen Einträge in den Dialektwörterbüchern gefunden werden (*Brame, Brambeere, Frambeer, Bromelen, Schmärzbeere, Schmääspel, More* etc.).

Ein weiteres vernetztes Wörterbuchvorhaben, das Projekt lego, verknüpft die einzelnen Lemmata verschiedener Wörterbücher nicht miteinander bzw. mit einer Hyper-Lemmata-Liste, sondern mit einer Begriffsliste ihrer grammatikalischen Funktion. Grundlage der Verknüpfung bildet hierbei die Ontologie GOLD.

GOLD (General Ontology for Linguistic Description) bietet – zunächst unabhängig von der Verwendung für ein vernetztes Wörterbuch – eine Ontologie zur Definition und Kategorisierung linguistischer Fachbegriffe.

Dative Case (Concept)

http://purl.org/linguistics/gold/DativeCase

Thing
   |_ Abstract
      |_ Linguistic Property
         |_ Morphosyntactic Property
           |_ Case Property
              |_ Dative Case

Definition:
    DativeCase marks 1) Indirect objects (for languages in which they are held to exist) or 2) nouns having the role of recipient (as of things given), beneficiary of an action, or possessor of an item [Crystal 1980: 102].

Abb. 37: Anzeige des Dativs in der GOLD-Ontologie

Das Projekt *lego* (Lexicon Enhancement via the GOLD Ontology) nutzt nun die Begriffe der GOLD-Ontologie und verknüpft mit ihnen die Lemmata aus rund 300 digitalisierten Wörterbüchern. Auf diese Weise bietet lego Linguisten einen schnellen Zugriff auf Beispiele für eine Vielzahl von linguistischen Funktionen aus vielen Sprachen.

ODIN

Eine vergleichbare Nutzung der General Ontology for Linguistic Description bietet *ODIN* (The Online Database of Interlinear Text). ODIN ist eine Datenbank mit interlinear übersetzten Textdokumenten aus rund 1300 Sprachen. Insgesamt umfasst der Datenbestand mehr als 2000 Dokumente. Größtenteils stammen sie aus sprachwissenschaftlichen Publikationen. In der Regel bieten die Texte eine phonetische Transkription des originalsprachlichen Satzes, eine morpho-syntaktische Analyse und eine freie Übersetzung.

9.4 Textkorpora

Nachdem mit den Sprachverzeichnissen, den Sprachatlanten und den Wörterbüchern wichtige Informationsmittel vorgestellt wurden, die erste Informationen über eine Sprache, ihren Wortschatz, ihre Verbreitung und ihre Beziehungen zu anderen Sprachen geben können, muss jedoch auch Material für die intensivere Untersuchung von einzelnen

Sprachen angeboten werden. Bei diesem Datenmaterial, das vielen linguistischen Untersuchungen zugrunde liegt, kann es sich um Korpora geschriebener Sprache (Textkorpora) oder gesprochener Sprache handeln (Sprachkorpora).

Während Wörterbücher das „Wortmaterial" einer Sprache meist außerhalb seines eigentlichen Funktionszusammenhangs vorstellen (exemplarische Belegstellen werden allerdings oft mit angegeben), präsentieren Textkorpora die jeweiligen Sprachen im Rahmen ihres schriftlichen Gebrauchszusammenhangs. Sie dienen u. a. der Untersuchung von Wortbedeutungen (anhand der Belegstellen), der Bestimmung von Kollokationen (dem gemeinsamen Auftreten eines Wortes mit anderen Wörtern), der Erstellung von Wörterbüchern, der Analyse von syntaktischen Funktionen sowie der quantitativen Untersuchung von Worthäufigkeiten, Wort- oder Satzlängen. Auch in der Diskursanalyse werden Textkorpora ausgewertet, z. B. um Besonderheiten des öffentlichen Sprachgebrauchs oder des Sprachgebrauchs in den Medien aufzuzeigen.

In der Regel liegen Textkorpora heute in digitaler Form vor, nur so lassen sich umfangreiche Textbestände bequem verwalten und auch unter komplexen Fragestellungen analysieren. Je nach der Ausrichtung eines Textkorpus wird unterschieden zwischen *Teilkorpora*, die sich nur einem Ausschnitt einer Sprache widmen (z. B. der Jugendsprache), und *Referenzkorpora*, die sich bemühen, eine Einzelsprache insgesamt repräsentativ abzubilden. Solche Referenzkorpora bestehen in der Regel aus einer vielfältigen Mischung von Textsorten, die in ihrer Gesamtheit den Sprachgebrauch der jeweiligen Sprache repräsentieren. Bei gewissen Fragestellungen – insbesondere bei der Suche nach Belegstellen – kann auch das Internet als Textkorpus betrachtet und verwendet werden.

Teilkorpora und Referenzkorpora

Mit dem Deutschen Referenzkorpus und dem Deutschen Textarchiv sollen im Folgenden exemplarisch zwei deutsche Textkorpora vorgestellt werden. Auf einige weitere Textkorpora zur germanistischen, anglistischen und romanistischen Linguistik wird am Ende dieses Kapitels noch hingewiesen.

Das *Deutsche Referenzkorpus* (DeReKo) ist eine vom Institut für Deutsche Sprache in Mannheim erarbeitete Sammlung von vielen einzelnen Textkorpora, die in ihrer Gesamtheit die geschriebene deutsche Sprache der Gegenwart und der jüngeren Vergangenheit als Referenzkorpus repräsentieren. Das Deutsche Referenzkorpus ist das weltweit größte linguistische Textkorpus, es umfasst belletristische, wissenschaftliche, populärwissenschaftliche und journalistische Textsammlungen sowie eine breite Palette weiterer Textarten. Das gesamte Text-

Deutsches Referenzkorpus

material ist linguistisch bearbeitet, das heißt, die Texte sind morphosyntaktisch ausgezeichnet (Bestimmung der Wortklassen) und lemmatisiert (jedes Wort ist auf seine Grundform zurückgeführt und über sie suchbar). Insgesamt umfasst das Deutsche Referenzkorpus mehr als fünf Milliarden Wörter. Aufgrund dieser immensen Textmenge eignet es sich sehr gut dafür,

- Belegstellen für selten gebrauchte Wörter zu finden,
- quantitative Aussagen über den Gebrauch einzelner Wörter zu machen,
- den Gebrauchszusammenhang einzelner Wörter aufzuzeigen,
- starke Wortverbindungen, Assoziationen und syntaktische Muster zu ermitteln (Kookkurrenzanalyse, s. u. S. 111),
- Schwankungen im Gebrauch eines Wortes nachzuvollziehen (über Zeit, Raum, Textsorte etc.),
- das Aufkommen und die Verbreitung neuer Wortschöpfungen zu verfolgen.

Zugänglich ist das Deutsche Referenzkorpus über COSMAS II, dem Portal für die Recherche in den Textkorpora des Deutschen Instituts für Sprache (Corpus Search, Management and Analysis System). Über dieses Portal lassen sich einzelne Teilkorpora auswählen und benutzerdefinierte Korpora zusammenstellen. Angeboten werden komplexe Recherchemöglichkeiten, z. B. mit Abstands- und Bereichsoperatoren (auch Proximity Operatoren), über die definiert werden kann, wie weit zwei Suchbegriffe voneinander entfernt stehen dürfen. Mit dem sogenannten Grundformenoperator „&" lassen sich auch abgeleitete Wortformen suchen (der Suchbegriff „&Beispiel" findet auch „Beispiele", „Alltagsbeispiel", „beispielhaft" etc.); auch nach morphosyntaktischen Annotationen kann gesucht werden (z. B. Verbformen im Futur I und II, Adjektive im Superlativ etc.). Die Treffer lassen sich anhand verschiedener Kriterien sortieren, anzeigen und zusammenfassen, Treffermengen können exportiert werden.

☐ 1	A12/JAN.00129	ntoni Tàpies begann mit seinem grossen Wandbild in der Bibliothek.
☐ 2	A12/JAN.00149	In die Cityhalle Winterthur soll die Bibliothek der Hochschule ZHAW einziehen.
☐ 3	A12/JAN.00353	Für den Innenausbau und die Betriebsmittel der Bibliothek werden allerdings rund zwei Millionen Fran
☐ 4	A12/JAN.00488	Die Schule Kriessern hat damit erstmals eine Bibliothek.
☐ 5	A12/JAN.00850	Es gelten die regulären Eintrittspreise der Bibliothek. (10 Franken für Erwachsene).
☐ 6	A12/JAN.00956	Am Mittwoch lud das Bibliotheksteam der Bibliothek Bülen den Gemeinderat von Nesslau-Krun
☐ 7	A12/JAN.00956	ı Looser näher zu bringen, was es heisst, eine zeitgemässe Bibliothek zu führen, sagte Karin Frei.
☐ 8	A12/JAN.00956	Zusammen mit Ulla Egger leitet sie die Bibliothek Bülen.
☐ 9	A12/JAN.00956	Ulla Egger ging kurz auf die Geschichte der Bibliothek Bülen ein: 1973 wurde sie auf Initiative vo
☐ 10	A12/JAN.00956	1000 Menschen - vor allem aus dem Obertoggenburg - die Bibliothek.
☐ 11	A12/JAN.00956	Die Bibliothek ist ausser am Donnerstag und Sonntag jede
☐ 12	A12/JAN.00956	n den berufstätigen Benutzern entgegenzukommen, ist die Bibliothek neu am Mittwoch eine Stunde länger offen:

Abb. 38: Cosmas II, Trefferanzeige im KWIC-Modus (Keyword in Context)

Besonders hervorzuheben ist die Möglichkeit der sogenannten *Kookkurrenzanalyse* (auch Kollokationsanalyse). Hierbei werden nicht nur die Belegstellen eines Suchbegriffs innerhalb des Korpus präsentiert, sondern der Umgebungstext wird ebenfalls ausgewertet. Wie viel umgebender Text bei der Analyse berücksichtigt werden soll, lässt sich individuell festlegen. Auf diese Weise lassen sich zu einzelnen Wörtern sogenannte Kookkurrenzpartner feststellen, also Wörter, die häufig im Zusammenhang mit dem Suchbegriff verwendet werden (man spricht auch von „lexikalischen Mitspielern"). So wird das Substantiv „Recherche" beispielsweise besonders häufig von den Adjektiven „gründlich", „intensiv", „sorgfältig" und „eigene" begleitet.

Kookkurrenzanalyse

Die *Kookkurrenzdatenbank* (CCDB) schließlich bildet eine ebenfalls vom Institut für Deutsche Sprache angebotene korpuslinguistische Denk- und Experimentierplattform. Die Datenbank wird für interne Projekte verwendet, steht aber eingeschränkt auch der öffentlichen Nutzung zur Verfügung. Basierend auf einem Ausschnitt aus dem Deutschen Referenzkorpus umfasst die Kookkurrenzdatenbank eine Sammlung von Kookkurrenzprofilen zu ca. 220 000 verschiedenen Bezugswörtern, die syntagmatische Muster und andere Informationen zum Gebrauch dieser Wörter enthalten.

Kookkurrenzdatenbank CCDB

Während das Deutsche Referenzkorpus Texte aus der Gegenwart und der jüngeren Vergangenheit enthält, bietet die Berlin-Brandenburgische Akademie der Wissenschaften mit dem *Deutschen Textarchiv* (DTA) ein multidisziplinäres Textkorpus älterer deutscher Sprachstufen (17. bis 19. Jahrhundert). Auch hier sind die digitalisierten Texte – zumeist handelt es sich um wissenschaftliche Publikationen – linguistisch aufbereitet. Die einzelnen Wörter werden hierbei zunächst segmentiert („tokenisiert") und auf ihre Grundform zurückgeführt („lemmatisiert"). Diese Aufbereitung der Texte ermöglicht sowohl komplexe Suchanfragen als auch die Suche nach Flexionsformen und abweichenden Schreibungen (die Suche nach „Haus" findet auch „Häuser", eine Suche nach „Turm" findet auch „Thurm" und „Turme"). Mit rund 600 digitalisierten Werken ist die Textgrundlage des Deutschen Textarchivs derzeit allerdings noch relativ klein.

D T A

Der deutschen Sprache in der Schweiz im 20. Jahrhundert widmet sich das *Schweizer Textkorpus*; es umfasst derzeit rund 20 Millionen Wörter. Gemeinsam mit Partnerprojekten aus Deutschland (Digitales Wörterbuch der Deutschen Sprache, DWDS, s. o. S. 100), Österreich (*Austrian Academy Corpus*, AAC) und Südtirol (*Korpus Südtirol*) wird das Schweizer Textkorpus im Rahmen des *Korpus C4* online auch über eine gemeinsame Rechercheplattform angeboten.

Weitere deutschsprachige Textkorpora

Anglistische und
romanistische
Textkorpora

Vergleichbare linguistische Volltextkorpora gibt es natürlich auch für andere Sprachen. Für die anglistische Sprachwissenschaft ist hierbei vor allem hinzuweisen auf das *British National Corpus* (BYU-BNC, umfasst rund 100 Millionen Wörter), das *Corpus of Contemporary American English* (COCA, ca. 450 Millionen Wörter), das *Corpus of Historical American English* (COHA, ca. 400 Millionen Wörter) sowie das *International Corpus of English* (ICE, mit Texten aus verschiedenen anglophonen Ländern). Wichtige Textkorpora für die romanistische Linguistik sind das *Corpus français* (ca. 700 Millionen Wörter), das *Corpus del Español*, (ca. 100 Millionen Wörter) und das *Corpus do Português* (ca. 45 Millionen Wörter).

Direkten Zugang zu einer Vielzahl von Text- und Sprachkorpora in verschiedenen Sprachen bietet das Portal *Corpuseye*. Ein umfassendes Verzeichnis von Textkorpora findet sich auf der Website des Tübinger Sonderforschungsbereichs 441 „Linguistische Datenstrukturen. Theoretische und empirische Grundlagen der Grammatikforschung".

Tipp

Auch wenn die hier aufgeführten Textkorpora in der Benutzung nicht ganz unkompliziert sind und sich in den Oberflächen und Suchmöglichkeiten zum Teil erheblich unterscheiden, kann ihre Verwendung ungemein erkenntnisreich sein. Eine vertiefte Beschäftigung lohnt sich hier auf jeden Fall.

9.5 Sprachkorpora

Neben der geschriebenen Sprache beschäftigen sich Linguisten natürlich auch bereits seit Langem mit der gesprochenen Sprache und ihren Besonderheiten (z. B. der Situationsgebundenheit, der Ellipsenbildung und den Gliederungssignalen).

Die Erstellung und Erschließung umfassender Sprachkorpora (auch Archive gesprochener Sprache, Speech corpus bzw. Corpus oral) gestaltet sich allerdings wesentlich aufwändiger als der Aufbau von Textarchiven. Die erste Schwierigkeit besteht darin, dass die Gesprächsmitschnitte zunächst komplett transkribiert werden müssen, um im Volltext recherchierbar zu sein. Das ist bei gesprochener Sprache mit all ihren phonetischen Besonderheiten alles andere als einfach. Das zweite Problem bildet die Bereitstellung der Tondokumente. Ältere Aufnahmen auf Schallplatten, Tonbändern oder Kassetten müssen digitalisiert, segmentiert und in ihren Teilen mit den entsprechenden Abschnitten der Transkription verknüpft werden: man spricht in diesem Zusammenhang auch vom „Alignieren". Zum Teil ist dieser Prozess mit Programmen zur

Spracherkennung bereits automatisiert möglich. Erst wenn Sprachaufnahmen in Form digitaler Audiofiles vorliegen und mit Transkriptionen verbunden sind, ist eine effiziente Nutzung von Sprachkorpora für die linguistische Analyse der gesprochenen Sprache möglich.

9.5.1 Archiv / Datenbank für Gesprochenes Deutsch

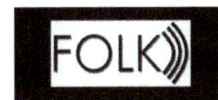

Die wichtigsten linguistisch erschlossenen Sammlungen gesprochener Sprache in Deutschland werden vom *Archiv für Gesprochenes Deutsch* angeboten (AGD, bis 2004 Deutsches Spracharchiv), das heute zum Institut für Deutsche Sprache in Mannheim gehört. Angeboten werden derzeit rund 30 verschiedene Spracharchive mit verschiedener Ausrichtung:

Archiv für Gesprochenes Deutsch

– Binnendeutsche Mundarten (z. B. für den Schwarzwald und die ehemaligen deutschen Ostgebiete)
– Binnendeutsche Umgangssprachen / Standardsprache
– Auslandsdeutsche Varietäten (z. B. brasilien- und rumäniendeutsche Mundarten)
– Kontextabhängige Gesprächskorpora (z. B. Konfliktgespräche zwischen Müttern und Töchtern, Kindersprache und Talkshows)
– Sonstige (z. B. slawische Mundarten im Ruhrgebiet)

Insgesamt umfasst der Bestand rund 15 000 Tonaufnahmen mit einer Gesamtdauer von ca. 5000 Stunden sowie rund 6700 Transkripte.

Auf einen Teil der Tondokumente des Archivs für Gesprochenes Deutsch kann nach einer einmaligen Registrierung über die *Datenbank für Gesprochenes Deutsch* (DGD 2.0) zugegriffen werden (rund 8700 Audioaufnahmen, ca. 3500 davon sind mit alignierten Transkripten versehen). Die Datenbasis der Datenbank für Gesprochenes Deutsch wird beständig erweitert.

Datenbank für Gesprochenes Deutsch

Recherchiert werden kann nach einzelnen Korpora, nach Sprechern oder innerhalb der Volltexte der Transkriptionen. Über die Trefferanzeige lässt sich sowohl die Transkription als auch – soweit vorhanden – das zugehörige Audiofile direkt aufrufen. Abgespielt wird zunächst ein Ausschnitt der Aufnahme von 15 Sekunden.

Teil der Datenbank für Gesprochenes Deutsch ist auch das *Forschungs- und Lehrkorpus Gesprochenes Deutsch* (FOLK), ein Gesprächskorpus, das die deutschsprachige mündliche Kommunikationspraxis in ihren wesentlichen Ausprägungen repräsentieren soll. Analog zum Deutschen Referenzkorpus für das geschriebene Deutsch bildet es gleichsam ein Referenzkorpus für das gesprochene Deutsch der Gegenwart.

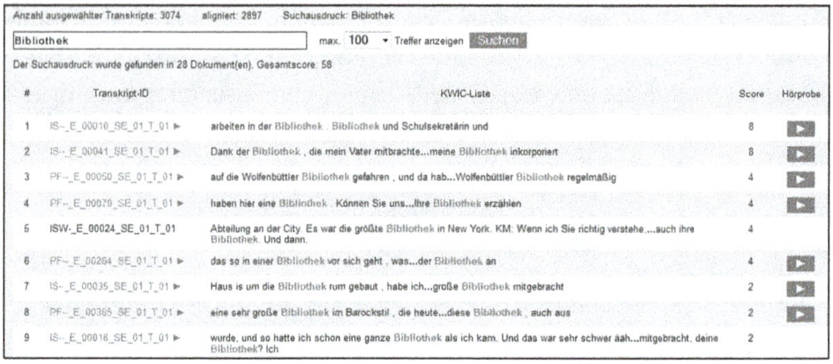

Abb. 39: Trefferanzeige in DGD mit Hörproben

Um eine hohe Standardisierung bei den Transkriptionen zu erreichen, wird bei allen Transkriptionen von FOLK und bei vielen anderen linguistischen Tonaufnahmen das *Gesprächsanalytische Transkriptionssystem* (GAT 2) verwendet. Bei der linguistischen Bearbeitung der Audiofiles kommt der Transkriptionseditor *FOLKER* zum Einsatz.

Tipp

Den vom Institut für Deutsche Sprache entwickelten Transkriptionseditor FOLKER können Sie auch für die Bearbeitung eigener Gesprächsaufnahmen nutzen. Die Software wird über die Website des IDS als kostenloser Download angeboten.

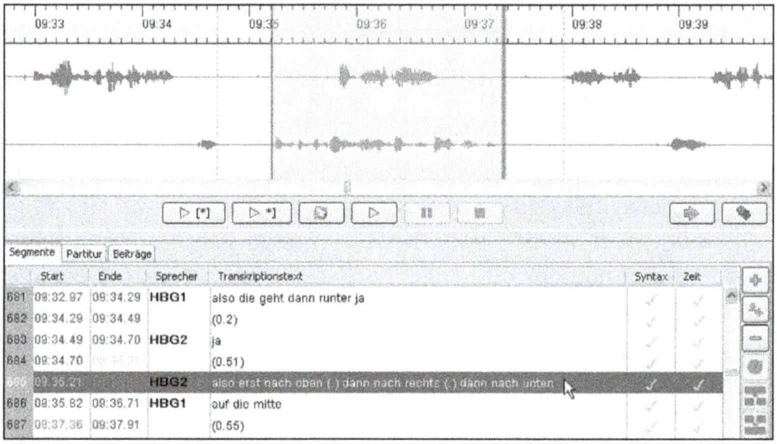

Abb. 40: Transkriptionseditor FOLKER

9.5.2 Weitere Archive gesprochener Sprache

Ein wichtiges Sprachkorpus für den Bereich des britischen Englisch ist der *British National Corpus Spoken Audio Sampler*, ein Auszug aus dem British National Corpus (s. o. S. 112) mit Tonaufnahmen. Die ursprünglich auf Kassetten archivierten Aufnahmen wurden vom Oxford University Phonetics Laboratory digitalisiert und werden heute vom British Library Sound Archive betreut. Ein Teil des Materials steht online zur Verfügung.

Für das amerikanische Englisch kann vor allem auf das *Santa Barbara Corpus of Spoken American English* verwiesen werden, das gesprochenes Englisch aus allen Teilen der USA dokumentiert und dabei auch verschiedene Gesprächstypen berücksichtigt, neben der „face-to-face"-Kommunikation z. B. auch Telefongespräche, Gespräche im Berufsleben, beim Kartenspielen, Kochen, im Unterricht und in anderen Situationen. Das Santa Barbara Corpus of Spoken American English ist auch Teil des *International Corpus of English* (ICE, s. o. S. 112).

Ein Referenzkorpus für das gesprochene Französisch ist das *Corpus de Référence du Français Parlé* (CRFP), das seit 1998 erarbeitet und von der Université de Provence in Marseille betreut wird. Insgesamt umfasst es rund 37 Stunden Tonaufnahmen. Daneben ist auch auf das *Corpus de Langues Parlées en interaction* (CLAPI) der Universität Lyon hinzuweisen.

Eine Vielzahl weiterer Aufnahmen gesprochener Sprache aus verschiedenen Quellen findet sich auf dem *Speech & Language Data Repository* (SLDR), das vom Laboratoire Parole et Langage der Université d'Aix-Marseille angeboten wird. Linguisten aus aller Welt können auf diesem Repositorium ihre Aufnahmen und Transkripte speichern und so der wissenschaftlichen Öffentlichkeit zugänglich machen. Auch das *Hamburger Zentrum für Sprachkorpora* (HZSK) bietet eine Vielzahl von Korpora mündlicher Sprache an, oft mit dem thematischen Schwerpunkt Multilingualismus.

Für die Transkription gesprochener Sprache steht eine Vielzahl von – mehr oder weniger genauen – Lautschriften zur Verfügung. Häufig wird in diesem Zusammenhang das *Internationale Phonetische Alphabet* verwendet (IPA). Angeboten wird dieses Lautschriftsystem von der *International Phonetic Association*, die über ihre Website auch Handbücher und Fonts zum IPA und weiterführende Informationen zur Phonetik anbietet.

Nachdem bis hierher (in den Teilen A und B dieses Buches) die verschiedenen Ressourcen für die sprachwissenschaftliche Literatur- und Informationsrecherche und effiziente Recherchestrategien vorgestellt wurden, widmet sich der abschließende Teil C der Frage, auf welche Weise Sie die gefundenen Informationen sinnvoll und erfolgreich für die eigene Arbeit verwenden können.

Informationen weiterverarbeiten

10 Treffer bewerten, exportieren und verwalten

Kommen wir noch einmal zur Recherche nach wissenschaftlicher Forschungsliteratur zurück. Die modernen Datenbanken, aber auch das Medium Internet ermöglichen heute in kurzer Zeit wesentlich umfassendere Literatur- und Informationsrecherchen als dies noch vor wenigen Jahren denkbar gewesen wäre. Durch diese Entwicklung erhöhen sich bei vielen Suchanfragen auch die Trefferzahlen sehr stark. Vielfach stellen bei den heutigen Suchmöglichkeiten nicht mehr zu wenige, sondern zu viele Treffer das größte Problem bei der wissenschaftlichen Arbeit dar. Über den Erfolg Ihrer Arbeit entscheiden neben den Kompetenzen bei der Recherche daher auch die Fähigkeiten, große Trefferzahlen schnell und sicher bezüglich ihrer wissenschaftlichen Qualität und Relevanz zu bewerten sowie Suchergebnisse abzuspeichern und effektiv zu verwalten.

10.1 Suchergebnisse bewerten

Bei Verlagspublikationen, also bei gedruckten Veröffentlichungen, E-Books und wissenschaftlichen Aufsätzen aus E-Journals, hängt die Bewertung der Suchergebnisse in erster Linie von der Beurteilung der angezeigten Titeldaten ab.

Monographie

Bei einer *Monographie*, also einer Buchveröffentlichung, sind die wichtigsten Kriterien für die Beurteilung ihrer Qualität:

- *der Autor* (Ist der Autor ein anerkannter Wissenschaftler? Hat er evtl. schon mehrere Publikationen zu der gesuchten Thematik veröffentlicht? Arbeitet er an einer Universität oder einer anderen einschlägigen wissenschaftlichen Institution?)
- *der Verlag* (Handelt es sich bei dem Verlag um einen anerkannten wissenschaftlichen Verlag? Hat der Verlag evtl. einen Schwerpunkt auf dem entsprechenden Forschungsgebiet?)
- *die Schriftenreihe* (Erscheint die Monographie im Rahmen einer wissenschaftlichen Schriftenreihe? Wird diese von einer wissenschaftlichen Institution oder von renommierten Wissenschaftlern herausgegeben?)

Auch wenn man über den Autor, den Verlag oder die Schriftenreihe, in der ein Buch erschienen ist, zunächst nichts weiß, genügt oft eine kurze Internetrecherche, um sich hier ein klareres Bild zu verschaffen.

Moderne Bibliothekskataloge bieten häufig noch weiterführende Informationen, z. B. Links auf Inhaltsverzeichnisse und Verlagsinformationen, zum Teil auch auf Rezensionen.

In Rezensionen wird der Inhalt wissenschaftlicher Bücher von Fachleuten vorgestellt und ihre Ergebnisse werden kritisch besprochen. Rezensionen erscheinen in wissenschaftlichen Fachzeitschriften, in speziellen Rezensionsjournalen oder auch – in elektronischer Form – im Rahmen von Rezensionsportalen. Das wichtigste geisteswissenschaftliche Rezensionsverzeichnis ist die *Internationale Bibliographie der Rezensionen* (IBR). In der Online-Ausgabe der IBR sind rund 1,2 Millionen Rezensionen ab 1985 nachgewiesen, darunter ca. 140 000 Rezensionen zur Linguistik.

Rezensionen

Ähnliche Kriterien wie bei den Monographien gelten auch für die Beurteilung von *Zeitschriftenartikeln*. Neben dem Autor ist hier vor allem die Zeitschrift ein wichtiges Kriterium für die Beurteilung eines Aufsatzes: Handelt es sich bei der Zeitschrift, in der der Aufsatz erschienen ist, um eine anerkannte wissenschaftliche Fachzeitschrift? Wird sie von einem Gremium anerkannter Wissenschaftler oder einer Forschungsinstitution herausgegeben? Viele wissenschaftliche Zeitschriften zeichnen sich durch ein sogenanntes *Peer-Reviewing* aus. Alle Artikel, die in solchen Zeitschriften erscheinen, wurden zuvor anonym von einem Gremium von Fachleuten begutachtet. Zeitschriftenartikel werden fast nie rezensiert. Hilfreich für ihre Beurteilung sind jedoch *Abstracts*, die von vielen Verlagen über ihre Websites kostenlos angeboten werden.

Zeitschriftenartikel

Geht es nicht um die Beurteilung der Qualität eines Buches oder eines Zeitschriftenartikels, sondern darum festzustellen, wie gut ein Dokument thematisch zur eigenen Fragestellung passt, so bieten oft die Schlagwörter in Katalogen und Datenbanken wichtige Hinweise. In vielen Fällen kann man sich durch sie ein besseres Bild über den Inhalt einer Publikation machen als aufgrund ihres Titels.

Besonders schwierig ist die Beurteilung von Internetdokumenten, wobei in diesem Fall nicht die elektronischen Verlagspublikationen gemeint sind, sondern vor allem Websites und privat publizierte Netz-Dokumente. Die Qualität dieser Dokumente ist extrem heterogen. Bei ihrer Beurteilung sollte man vor allem folgende Punkte beachten:

Internetdokumente

- Wer hat das Dokument publiziert?
- Wann wurde das Dokument publiziert? Sind die Inhalte noch gültig und aktuell?
- Wie lange sind die präsentierten Informationen gültig? Vor allem bei Dokumenten, die viele aktuelle Informationen enthalten, ist damit zu rechnen, dass sich der Inhalt des Dokuments schon bald stark verändern wird. Auch der Datei-Typ kann hierbei eine Rolle

spielen (HTML-Dateien werden oft überarbeitet, PDF-Dateien dienen meist der dauerhaften Archivierung).
–   Ist das Dokument dauerhaft zugänglich? Dies ist vor allem dann der Fall, wenn es von einer anerkannten Institution oder auf einem Dokumentenserver veröffentlicht wurde.

Tipp

Überprüfen Sie die Qualität von Websites und privat publizierten Internet-Dokumenten besonders sorgfältig, bevor Sie sie zitieren oder für Ihre Arbeit verwenden.

10.2 Treffermengen abspeichern

Datenexport

Während Suchergebnisse in gedruckten Verzeichnissen bis heute von Hand abgeschrieben oder kopiert werden müssen, bieten elektronische Informationsressourcen meist vielfältige Möglichkeiten des Datenexports. Gerade bei großen Treffermengen erleichtert dies die Arbeit ungemein.

Um tatsächlich nur die Daten exportieren zu können, die relevant sind, bieten die meisten elektronischen Verzeichnisse die Möglichkeit, ganze Trefferlisten oder auch einzelne Titel in einen separaten Ordner abzuspeichern. Dort können Sie alle Treffer sammeln, die Sie exportieren bzw. mit denen Sie später weiterarbeiten möchten. Diese Ordner werden allerdings gelöscht, sobald man die Datenbank verlässt.

Viele Datenbanken bieten Benutzern, die sich einen individuellen Account anlegen, daher die Möglichkeit, Suchergebnisse dauerhaft abzuspeichern. Wenn er sich über sein Passwort identifiziert, findet der Nutzer diese Informationen dann auch Wochen und Monate später wieder vor.

Neben Suchergebnissen lassen sich oft auch Suchanfragen dauerhaft abspeichern. So kann z. B. eine themenrelevante Suchanfrage dauerhaft gespeichert und dann immer wieder ausgeführt werden. Manche Datenbanken bieten auch sogenannte *Alert-Dienste* an (s. o. S. 7), hierbei werden gespeicherte Suchanfragen nach einem vorgegebenen Zeitraum automatisch ausgeführt. Sind seit der letzten Suche neue Treffer hinzugekommen, werden diese – z. B. per E-Mail – automatisch an den Nutzer geschickt.

Die wichtigsten Methoden, Daten – in der Regel Titeldaten – aus einer Datenbank zu exportieren, bestehen (a) im Ausdrucken von Titellisten, (b) im Versand per E-Mail, (c) im Speichern auf lokale Datenträger und (d) in der Übernahme in ein eigenes Literaturverwaltungsprogramm.

✉ E-Mail   🖨 Drucken   ▤ Zitieren   💾 Exportieren/Speichern ▾

Abb. 41: Exportmöglichkeiten in den Linguistics and Language Behavior Abstracts

10.2.1 Ausdrucken

Gegenüber allen anderen Formen des Datenexports bietet der Papier-   Ausdrucken
ausdruck die geringsten Möglichkeiten, die Titeldaten anschließend
weiterzuverarbeiten. Dennoch werden Rechercheergebnisse nach wie
vor oft ausgedruckt, sei es, um sie sicher zu archivieren, oder auch nur,
um große Treffermengen nicht am Bildschirm beurteilen zu müssen.

Allerdings bieten viele Datenbanken auch für den Ausdruck von Re-
chercheergebnissen diverse Auswahlmöglichkeiten, die Sie nutzen sollten. Oft können Sie sortierte Listen ausdrucken (nach Wunsch z. B. alphabetisch sortiert oder nach dem Erscheinungsdatum). Noch wichtiger
ist die Einstellung des Umfangs und der Darstellung der ausgedruckten
Daten. In vielen Fällen können Sie auswählen, ob Sie nur die Kurzzitate
mit den wichtigsten bibliographischen Daten oder umfassende Titelda-
tensätze, zum Teil auch mit Abstracts, ausdrucken wollen, was für eine
spätere Beurteilung der Daten sehr sinnvoll sein kann. Über diese quantitativen Auswahlmöglichkeiten hinaus bieten einige Datenbanken auch
die Möglichkeit, beim Ausdruck zwischen verschiedenen Darstellungs-
stilen zu wählen (zu den sogenannten Zitierstilen s. u. S. 128).

10.2.2 E-Mail-Versand

Beim E-Mail-Versand von Suchergebnissen können Sie Trefferlisten –   E-Mail
ähnlich wie beim Ausdrucken in verschiedenem Umfang und Stil – an
eine Mail-Adresse verschicken. Dies ermöglicht Ihnen, Suchergebnisse
schnell und unkompliziert an andere weiterzuleiten, z. B. an die Mit-
glieder einer Arbeitsgruppe. Vor allem bei der Recherche in kostenpflichtigen Datenbanken in der Bibliothek dient diese Funktion oft
auch einfach dazu, die Treffer an das eigene E-Mail-Konto zu schicken.

10.2.3 Speichern auf lokale Datenträger

Ebenfalls sehr häufig angeboten wird die Möglichkeit, Trefferlisten   Speichern
auf lokale Datenträger abzuspeichern. Hierbei wählt der Nutzer ein
Laufwerk bzw. einen Ordner auf seinem Rechner aus und kann in den
meisten Fällen wiederum unter verschiedenen Umfängen und Zitier-

stilen wählen. Bei Treffermengen, die man bei der Datenbankrecheche in einer Bibliothek erzeugt hat, kann der Nutzer die Daten häufig
auch auf den eigenen USB-Stick übertragen.

10.2.4 Speichern in Literaturverwaltungsprogramme

Die mit Abstand vielfältigsten Möglichkeiten, bibliographische Daten
anschließend weiterzuverarbeiten und in die eigene Arbeit zu integrieren, bietet ihre Speicherung in sogenannten Literaturverwaltungsprogrammen. Die wichtigsten Funktionen, die solche Programme bieten,
werden im nächsten Abschnitt vorgestellt.

10.3 Literaturangaben verwalten

Literaturverwaltung

Moderne *Literaturverwaltungsprogramme* ermöglichen nicht nur das
Sammeln und effiziente Verwalten von bibliographischen Daten, sondern erlauben auch den Aufbau von Zitatsammlungen und die Integration aller Daten in Textverarbeitungsprogramme. Daher empfiehlt sich
die Verwendung von Literaturverwaltungsprogrammen für die Erstellung größerer Arbeiten, insbesondere bei Abschlussarbeiten und Dissertationen. Neben bibliographischen Daten von Printmedien lassen
sich in Literaturverwaltungsprogrammen auch Daten elektronischer
Publikationen (E-Books, E-Journals und Websites) und anderer Medien
abspeichern und verwalten.

Die wichtigste Voraussetzung für alle Funktionen von Literaturverwaltungsprogrammen ist das Vorhandensein von strukturierten bibliographischen Daten in einer eigenen Datenbank. Für die Speicherung
bibliographischer Daten aus Bibliothekskatalogen, Bibliographien oder
anderen bibliographischen Datenbanken in Literaturprogramme gibt
es grundsätzlich zwei Methoden:

1. Sie recherchieren in einer bibliographischen Datenbank, stellen
   sich eine Trefferliste zusammen und speichern diese in einem Literaturverwaltungsprogramm ab. Bei dieser Vorgehensweise können
   Sie zwar immer nur in einer einzigen Datenbank recherchieren, allerdings können Sie die Suchmöglichkeiten dieser Datenbank vollständig nutzen.
2. Sie öffnen zunächst Ihr Literaturverwaltungsprogramm, wählen
   unter den dort angebotenen Informationsressourcen eine oder
   mehrere Datenbanken aus und geben Ihre Suchanfrage in der Suchoberfläche Ihres Programms ein. Die Treffer können Sie dann in

Ihr Literaturverwaltungsprogramm übernehmen. Bei dieser Vorgehensweise stehen oft nur begrenzte Suchmöglichkeiten zur Verfügung, allerdings können Sie auf diese Weise gleichzeitig in einer Vielzahl von Datenbanken recherchieren.

Aufgrund von technischen Gegebenheiten – hierbei geht es vor allem um die Kompatibilität der jeweiligen Datenformate – erlauben nicht alle Datenbanken den Datenexport in alle Literaturverwaltungsprogramme. Allerdings wird das Angebot der Exportfunktionen bei bibliographischen Datenbanken beständig erweitert. Neben dem Datenexport aus Datenbanken können Titeldaten natürlich auch von Hand in Literaturverwaltungsprogramme eingegeben werden.

Liegen die bibliographischen Daten in strukturierter Form in einer Datensammlung des eigenen Literaturverwaltungsprogramms vor, können sie ergänzt, kommentiert, mit Schlagwörtern oder Notationen erschlossen und mit Volltexten oder Zitaten angereichert werden. Wie in einem Katalog oder einer Bibliographie lassen sich alle Datensätze nach einer Vielzahl von Kriterien durchsuchen und auf verschiedene Arten darstellen. Eine Möglichkeit besteht z. B. darin, die bibliographischen Angaben – versehen mit eigenen Kommentaren und Notizen – in der Reihenfolge der Zitate einer geplanten eigenen wissenschaftlichen Arbeit anzuzeigen. In diesem Falle unterstützt die Literatursammlung die Konzeption und die Erstellung des eigenen Texts. Auch das Literaturverzeichnis lässt sich aus den im Text zitierten Quellen automatisch erzeugen.

Bei der Auswahl eines Literaturverwaltungsprogramms spielen verschiedene Kriterien eine Rolle. Zunächst ist darauf zu achten, dass der Leistungsumfang der gewählten Software den eigenen Anforderungen und dem individuellen Arbeitsstil entspricht. Darüber hinaus ist auch zu prüfen, welche Programme den Datenimport aus welchen bibliographischen Datenbanken unterstützen. Bei diesem Punkt zeigen sich, wie auch bei den angebotenen Zitierstilen, in manchen Fällen Unterschiede zwischen Literaturverwaltungsprogrammen, die stärker auf eine naturwissenschaftliche, und solchen, die stärker auf eine geistes- und sozialwissenschaftliche Nutzung ausgerichtet sind. Zum Teil bestehen auch erhebliche Preisunterschiede: Während einige Programme kostenfrei zur Verfügung stehen (z. B. *Zotero*) müssen andere Produkte lizenziert werden (z. B. *Citavi*, *RefWorks* oder *EndNote*). Viele Hochschulen stellen ihren Angehörigen auch Literaturverwaltungsprogramme im Rahmen von sogenannten Campuslizenzen zur Verfügung.

Durch die Vielfalt der Anwendungen moderner Literaturverwaltungsprogramme, die sich von der Vorbereitung einer schriftlichen Arbeit über die Literaturrecherche bis zur Erarbeitung und publikationsreifen Gestaltung eines wissenschaftlichen Textes erstrecken, geht der Funktionsumfang dieser Angebote heute weit über die Verwaltung bibliographischer Daten hinaus. Literaturverwaltungsprogramme sind zu einem wichtigen Werkzeug geworden und können die wissenschaftliche Arbeit in vielen Fällen effizient unterstützen.

11 Literatur beschaffen

Wenn Sie nicht im Katalog Ihrer Bibliothek, sondern in bestandsunabhängigen Datenbanken (z. B. Fachbibliographien) recherchieren, müssen Sie – wenn Sie die gefundenen Titel lesen wollen – in einem zweiten Recherchevorgang (der sogenannten Verfügbarkeitsrecherche) überprüfen, ob die gewünschten Titel in Ihrer Bibliothek auch tatsächlich vorhanden sind. Meist werden Sie sich in diesem Fall einfach den Titel des Buches oder der Zeitschrift notieren und dann im Katalog der lokalen Bibliothek nach einem verfügbaren Exemplar suchen.

Wesentlich einfacher und effektiver wird eine Verfügbarkeitsrecherche durch die Verwendung von *Linkresolvern* (s. o. S. 12). Wird diese Funktion angeboten, können Sie mit einem Mausklick automatisch im Bibliothekskatalog und in anderen Datenbanken nach lokal verfügbaren Printexemplaren oder zugänglichen elektronischen Fassungen des gewünschten Titels suchen.

Sollten Sie auf diesen Wegen keine lokal verfügbaren Exemplare finden, ist es nötig, gewünschte Publikationen, die in Ihrer Bibliothek bzw. den Bibliotheken der eigenen Stadt nicht vorhanden sind, von außerhalb zu beschaffen. Dies kann auf verschiedenen Wegen erfolgen. Die wichtigsten Möglichkeiten, an solche Texte zu kommen, sind die Fernleihe und der Dokumentlieferdienst.

Alle Arten, sich Literatur von außerhalb zu beschaffen, sind – in unterschiedlichem Maß – mit Kosten verbunden. Daher sollten Sie sich von einer Bibliothekarin oder einem Bibliothekar beraten lassen, bevor Sie Literatur auf diesen Wegen beschaffen.

11.1 Fernleihe und Online-Fernleihe

Die *Fernleihe* ist der klassische Weg für die Beschaffung von Literatur, die vor Ort nicht vorhanden ist. Das wesentliche Charakteristikum der Fernleihe besteht darin, dass die gewünschten Medien immer nur von einer Bibliothek an eine andere bestellt werden können, die sie dann ihrem Nutzer zur Verfügung stellt. Eine direkte Lieferung an den Nutzer erfolgt also nicht.

Um die Abwicklung der Bestellungen für die Nutzer komfortabler und auch schneller zu gestalten, haben die Bibliotheksverbünde die Möglichkeit der *Online-Fernleihe* eingerichtet, also die Direktbestellung durch die Benutzer. Damit ist die Bestellung über das Internet ortsunabhängig rund um die Uhr möglich. Ausgangspunkt für eine Online-Fernleihe ist in der Regel der regionale Verbundkatalog (s. o. S. 8). Die Bestellung wird über einen Button ausgelöst, der Nutzer muss die Bibliothek angeben, bei der er registriert ist (dorthin wird das gewünschte Medium geliefert), und sich mit der Nummer seines Benutzerausweises und mit seinem Passwort im System anmelden. Über ein elektronisches Formular lässt sich angeben, an welche Leihstelle das gewünschte Medium geliefert werden soll, bis zu welchem Termin es spätestens benötigt wird und ob evtl. auch andere Ausgaben oder Auflagen des Werkes erwünscht sind. Ist ein Bestellwunsch erfüllbar, wird die Bestellung auf dem eigenen Ausleihkonto angezeigt und lässt sich wie eine Bestellung in der lokalen Bibliothek verwalten.

Nicht alle Medien können über die Fernleihe bestellt werden. Einschränkungen betreffen vor allem sehr wertvolle und ältere Werke (vor 1800), Werke in schlechtem Erhaltungszustand und Nicht-Buch-Medien. Von älteren Werken können z. T. Digitalisate bestellt werden (eBooks on Demand).

Einschränkungen in der Fernleihe

11.2 Dokumentlieferdienste

Die zum Teil recht langen Bearbeitungszeiten der Fernleihe sowie der Umstand, dass die Medien bei der Bibliothek abgeholt (und bei der konventionellen Fernleihe auch dort bestellt) werden müssen, sind Probleme, die bei Dokumentenlieferdiensten wegfallen.

Dokumentlieferdienste richten sich vorrangig an Benutzer, die im Anschluss an eine Online-Recherche die benötigten Dokumente sofort bestellen und eine schnelle Lieferung direkt an ihren Arbeitsplatz erhalten möchten. Der wichtigste Unterschied zwischen einem Dokumentlieferdienst und der Fernleihe besteht darin, dass die Dokument-

lieferung direkt zwischen dem Benutzer (Kunden) und der liefernden Bibliothek abgewickelt wird. Zwar bieten die meisten Dokumentlieferdienste heute auch den Versand von Büchern an, der Schwerpunkt des Angebots liegt jedoch auf der Lieferung von nicht rückgabepflichtigen Aufsatzkopien.

Viele Anbieter von Dokumentenlieferungen unterscheiden bei der Festlegung der Gebühren für die einzelnen Dienstleistungen zwischen verschiedenen Benutzerkategorien: Studierende erhalten in vielen Fällen günstigere Konditionen als Geschäftskunden. Die Abwicklung der Bestellung erfolgt innerhalb von sehr kurzen, von den Lieferdiensten garantierten Fristen. Lässt sich eine Bestellung innerhalb dieses Zeitraums nicht realisieren, so erhält der Benutzer eine Benachrichtigung. Der Benutzer legt auch die gewünschte Versandart fest. Die Lieferung von nicht rückgabepflichtigen Aufsatzkopien ist möglich in Form von Papierkopien per Post oder per Fax, durch die Sendung von PDF-Dateien per E-Mail oder durch die Bereitstellung des elektronischen Dokuments auf einem Server des Lieferdienstes bzw. des Kunden. Bücher werden per Post verschickt.

Die wesentlichen Schritte bei der Nutzung von Dokumentlieferdiensten sind:

- *Online-Recherche.* Sie erfolgt durch den Kunden in den vom jeweiligen Lieferdienst angebotenen bzw. verwendeten Datenbanken.
- *Online-Bestellung.* Über ein Bildschirm-Formular bestellt der Kunde bei einer an das System angeschlossenen Lieferbibliothek.
- *Dokumentlieferung.* Die besitzende Bibliothek liefert direkt an den Kunden. Die Lieferzeit für die bestellten Dokumente liegt meist zwischen zwei bis sechs Tagen bei Normalbestellungen und wenigen Stunden bei Eilbestellungen mit Fax- oder Dateilieferung.
- *Bezahlung.* Gebühren fallen nur bei tatsächlich ausgeführten Dokumentbestellungen an und richten sich nach der gewählten Lieferart, nach der Benutzerkategorie sowie danach, ob es sich um eine Normal- oder eine Eilbestellung handelt.

Der am meisten genutzte Dokumentlieferdienst im deutschsprachigen Raum, *Subito. Dokumente aus Bibliotheken e.V.*, wird von einem Zusammenschluss von wissenschaftlichen Bibliotheken aus Deutschland, Österreich und der Schweiz mit Sitz in Berlin betrieben.

Subito bietet seinen Kunden sowohl die Anfertigung und Lieferung von Kopien aus Zeitschriften und anderen Printmedien an als auch die Ausleihe von Büchern. Die gewünschten Dokumente können an Bibliotheken (Subito Library Service) oder direkt an den bestellenden Endnutzer (Subito Direct Customer Service) geliefert werden. Vor der ersten Nutzung muss sich der Kunde selbst im System registrieren, für die Recherche stehen ihm dann die Datenbanken von Subito zur Verfügung. Der Zeitschriftenkatalog umfasst rund eine Million gedruckter Fachzeitschriften in allen Sprachen. Für die Monographienrecherche werden die regionalen Verbundkataloge genutzt (s. o. S. 8). Angezeigt werden nur die Titel, die sich in Bibliotheken befinden, die an Subito teilnehmen.

Für eine Dokumentlieferung können Sie direkt in den Datenbanken von Subito recherchieren. Darüber hinaus bieten aber auch zahlreiche bibliographische Datenbanken einen Link auf Subito, so dass Sie in vielen Fällen direkt im Anschluss an eine Literaturrecherche eine Dokumentlieferung in Auftrag geben können.

Hinweis

12 Richtig zitieren

12.1 Warum zitieren?

Nicht erst seit heute sind wissenschaftliche Erkenntnisse so vielseitig und komplex, dass es für einen Einzelnen nahezu unmöglich ist, ein wissenschaftliches Thema ausschließlich auf der Grundlage eigener Erkenntnisse umfassend darzustellen. Eine wissenschaftliche Arbeit wird sich daher stets auch auf Leistungen stützen und berufen müssen, die andere zuvor erbracht haben.

Für dieses Verhältnis zwischen der aktuellen Forschungstätigkeit und den Leistungen der Vorgänger entstand bereits im 12. Jahrhundert das Bild von den Zwergen (den Forschern der Gegenwart), die auf den Schultern von Riesen sitzen (den Forschungsleistungen der Vorgänger) und dennoch weiter sehen als diese.

Auf den Schultern von Riesen

Gerade weil die wissenschaftliche Arbeit – im Gegensatz z. B. zur Arbeit eines Romanschriftstellers – stets auf den Erkenntnissen von Vorgängern aufbaut (oder diese auch in Frage stellt), ist die Auseinandersetzung mit der bestehenden Forschungsliteratur ein wesentliches Charakteristikum wissenschaftlicher Texte. In schriftlichen Arbeiten findet diese Auseinandersetzung mit den Ergebnissen der Forschungsliteratur durch Zitate der entsprechenden Texte statt. Ganz konkret kann ein Autor durch die Zitate einzelner Werke anzeigen:

– dass er die Forschungsliteratur zu seinem Thema in hinreichender Vollständigkeit gelesen hat und inhaltlich überblickt,
– wo er auf die Erkenntnisse dieser Forschungsarbeiten aufbaut bzw. sich auf sie beruft,

- wo er von der bisherigen Forschungsmeinung (oder auch nur einer einzelnen Arbeit) abweicht und zu anderen Lösungen gelangt.

Indem die Ergebnisse früherer Forschungsarbeiten in einer wissenschaftlichen Arbeit zitiert werden, wird auch deutlich, welcher Anteil an den Ergebnissen einer Arbeit von ihrem Autor stammt. Werden wissenschaftliche Leistungen anderer in die eigene Arbeit übernommen, ohne als solche kenntlich gemacht zu werden, gibt sich der Autor den Anschein, diese selbst erbracht zu haben. In diesem Fall spricht man von einem *Plagiat* (Diebstahl geistigen Eigentums).

Plagiate bestehen nicht nur in wörtlichen Zitaten, die nicht als solche gekennzeichnet werden. Auch die nicht kenntlich gemachte Übernahme fremden Gedankenguts in Form von Paraphrasen, Bearbeitungen und Übersetzungen gilt als Plagiat. Richtlinien für gutes wissenschaftliches Arbeiten finden sich u. a. auf den Webseiten der Deutschen Forschungsgemeinschaft und des Deutschen Hochschulverbands.

Zwar gab es in der Wissenschaft zu allen Zeiten mehr oder weniger spektakuläre Plagiatsfälle, allerdings nahmen diese in den letzten Jahren überproportional zu, insbesondere durch die Verfügbarkeit elektronischer Texte, die über „Copy and Paste" leicht in die eigene Arbeit integriert werden können.

Besonders problematisch an dieser Entwicklung ist, dass bei einem Großteil derjenigen Autoren, die sich eines Plagiats schuldig machen, überhaupt kein Unrechtsbewusstsein vorhanden ist. Aus diesem Grund muss deutlich darauf hingewiesen werden, dass Plagiate keine Kavaliersdelikte sind. Plagiate können gegen gesetzliche Bestimmungen verstoßen (insbesondere gegen das Urheberrecht) und innerhalb der Hochschule massive Konsequenzen nach sich ziehen, z. B. Ausschluss von einer Prüfung, Exmatrikulation oder auch die Aberkennung eines akademischen Grades.

Um Rechtssicherheit zu schaffen und alle Studierenden auf die Problematik aufmerksam zu machen, müssen heute an vielen Universitäten bereits bei Hausarbeiten förmliche Erklärungen abgegeben werden, in denen die Autoren versichern, die Arbeit selbstständig angefertigt und alle verwendeten Quellen ordnungsgemäß zitiert zu haben.

Förmliche Erklärung

„Hiermit versichere ich, dass die von mir vorgelegte Hausarbeit selbstständig verfasst worden ist, die benutzten Quellen, einschließlich der Quellen aus dem Internet, und die Hilfsmittel vollständig angegeben und dass die Stellen der Arbeit, die anderen Werken oder dem Internet im Wortlaut oder dem Sinn nach entnommen sind, unter Angabe der Quelle als Entlehnung kenntlich gemacht worden sind." (Beispiel)

Für die Aufdeckung von Plagiaten setzen viele Hochschulen bereits spezielle, leistungsfähige Software-Programme ein. Am sichersten kann man sich vor dem Vorwurf des Plagiats schützen, indem man alle für eine Arbeit verwendeten Texte und Quellen sorgfältig zitiert.

12.2 Was zitieren?

Die Auswahl der Werke, die Sie in einer Arbeit zitieren, wird natürlich in erster Linie unter inhaltlichen Gesichtspunkten erfolgen. Darüber hinaus sind vor allem folgende Punkte zu beachten:

1. Zitieren Sie nach Möglichkeit anerkannte Literatur

Die Leser werden Ihrer Argumentation bereitwilliger folgen, wenn Sie Ihre Thesen auf anerkannte Forschungsliteratur stützen. Vermeiden Sie insbesondere Zitate aus sehr populären, nicht wissenschaftlichen Publikationen oder aus Werken dubioser Herkunft.

2. Zitieren Sie Quellen, die einen individuellen Aussagewert haben

Es ist völlig unnötig, Belegstellen für unstrittige Informationen zu bieten, die sich leicht an vielen Stellen finden lassen. Wenn Sie in einer Arbeit über das Altisländische erwähnen, dass es sich dabei um eine Nordgermanische Sprache handelt, benötigen Sie hierfür keinen Beleg. Beziehen Sie sich hingegen z. B. auf eine sehr spezielle These eines Forschers über den Einfluss der Altnordischen Sprache auf das heutige Englisch, so müssen Sie dessen Werk unbedingt zitieren.

Grundsätzlich gilt, dass Sie für allgemeine Informationen, die Sie in Universallexika finden, z. B. im Brockhaus, in der Regel keine Belegstellen angeben müssen.

3. Zitieren Sie die Originalausgabe

Vermeiden Sie nach Möglichkeit Zitate aus Nachdrucken, Lizenzausgaben, Sonderausgaben oder späteren Taschenbuchausgaben; diese Einschränkung gilt nicht für aktualisierte Neuauflagen der Originalausgabe.

4. Zitieren Sie aktuelle Auflagen

Bei wissenschaftlichen Fachbüchern, die in neuer Auflage erscheinen, insbesondere bei Lehrbüchern, werden die Neuauflagen jeweils aktualisiert, zum Teil auch erweitert. Indem Sie immer die neueste Auflage eines Werkes zitieren, dokumentieren Sie, dass Sie den aktuellen Stand der Forschung berücksichtigt haben.

5. Zitieren Sie in der Originalsprache

Bei Zitaten aus der Forschungsliteratur kann man die Kenntnis der gängigen westeuropäischen Sprachen (insbesondere Englisch und Französisch) beim Leser voraussetzen. Arbeiten, die in einer wenig verbreiteten Sprache publiziert wurden, können auch in einer deutschen oder englischen Übersetzung zitiert werden.

6. Zitieren Sie nicht aus zweiter Hand

Die Aussagen Ihrer Zitate müssen zuverlässig sein. Daher sollten Sie keine komplexen Sachverhalte darstellen, ohne die originale Veröffentlichung zu kennen, und keine Zitate ungeprüft aus anderen Veröffentlichungen übernehmen.

12.3 Wie zitieren?

Obwohl das Zitieren von wissenschaftlicher Literatur – von der ersten Hausarbeit bis zur Dissertation und darüber hinaus – eine immer wiederkehrende Aufgabe bei der Abfassung wissenschaftlicher Arbeiten ist, gibt es kaum einen Bereich des wissenschaftlichen Arbeitens, über den so viel Unsicherheit besteht wie über das richtige Zitieren.

Viele der Probleme, die beim Zitieren auftreten, lösen sich, wenn man sich die Grundfunktion von Zitaten vergegenwärtigt: Zitate sollen den Leser der Arbeit auf ein verwendetes Dokument aufmerksam machen und ihm ermöglichen, dieses schnell, sicher und zweifelsfrei zu identifizieren. Nur so kann er das Zitat überprüfen. Das setzt zweierlei voraus:

– die Zitate müssen formal einheitlich gestaltet sein,
– die Zitate müssen alle wichtigen bibliographischen Daten enthalten.

12.3.1 Einheitliche Gestaltung

Für die genaue Darstellung der bibliographischen Daten von zitierter Literatur in einer wissenschaftlichen Arbeit gibt es keine feststehenden Regeln, sondern viele verschiedene Konventionen. Oberstes Grundprinzip bei der Gestaltung der Zitate muss jedoch immer die Einheitlichkeit sein.

Zitierstil

In diesem Zusammenhang spielen vor allem die verschiedenen *Zitierstile* eine wichtige Rolle. Ein Zitierstil gibt an, in welcher typographischen Gestaltung, in welcher Reihenfolge und in welchem Umfang die verschiedenen Elemente eines Titeldatensatzes wiedergegeben

werden und mit welchen Zeichen und Begriffen sie miteinander verknüpft werden. Dasselbe Zitat kann je nach Zitierstil folgendermaßen
aussehen:

> Roerich, G. de. (1931). Modern Tibetan Phonetics: With a special reference to
> the Dialect of Central Tibet. *Journal and proceedings of the Asiatic Society of
> Bengal*, 27(2), 285–312. [Zitierstil: APA 6th ed.]

> Roerich, Georges de. "Modern Tibetan Phonetics: With a special reference to
> the Dialect of Central Tibet." Journal and proceedings of the Asiatic Society of
> Bengal 27.2 (1931): 285–312. Print. [MLA 7th ed.]

> ROERICH, Georges de: Modern Tibetan Phonetics : With a special reference to
> the Dialect of Central Tibet. In: Journal and proceedings of the Asiatic Society
> of Bengal 27 (1931), Nr. 2, S. 285–312 [DIN 1505-2 kurz]

Welchen Zitierstil Sie für Ihre eigenen Arbeiten verwenden sollen, wird
zumeist von den Lehrstühlen bzw. den Prüfungsämtern festgelegt. Informieren Sie sich im Zweifelsfall bei Ihren Dozenten. Auch Verlage
schreiben für Aufsätze, die in ihren Zeitschriften erscheinen sollen,
bestimmte Zitierstile vor. Niedergelegt sind die Regeln der einzelnen
Zitierstile in speziellen Richtlinien, den sogenannten *Stylesheets* bzw.
Manuals of Style.

International werden in linguistischen Arbeiten besonders häufig
die Zitierstile der American Psychological Association (APA-Style) und
der Modern Language Association (MLA-Style) verwendet sowie der
sogenannte Chicago-Style (Chicago Manual of Style). In Deutschland
werden darüber hinaus auch die Duden-Richtlinien oder die Vorgaben
der DIN 1505-2 verwendet. Auch einzelne linguistische Zeitschriften haben eigene Zitierstile entwickelt, z. B. die Zeitschriften „Linguistics",
„Cognitive Linguistics", „Journal of English Linguistics", „Linguistik
online" und die „Zeitschrift für Sprachwissenschaft".

Besonders vorteilhaft für die fehlerfreie Darstellung von Literaturangaben ist die Verwendung von Literaturverwaltungsprogrammen
(s. o. S. 120). Da die bibliographischen Daten in Literaturverwaltungsprogrammen in strukturierter Form vorliegen, können sie auf Wunsch
des Nutzers in vielen verschiedenen Darstellungsformen ausgegeben
werden. Formale Fehler können so kaum noch vorkommen.

Bei fast allen Literaturverwaltungsprogrammen können Sie aus
einer Vielzahl von Styles auswählen; darüber hinaus können die angebotenen Styles auch verändert und eigene definiert werden.

12.3.2 Bibliographische Daten

Damit ein Leser Ihrer Arbeit die von Ihnen zitierten Dokumente schnell und sicher auffinden und so Ihre Zitate überprüfen kann, benötigt er die wichtigsten bibliographischen Angaben. Im einfachsten Fall, bei der Buchveröffentlichung eines Autors (man spricht in diesem Fall von einer *Verfasserschrift*), sind dies vor allem folgende Angaben:

- *Verfasser.* Der Familienname des Verfassers ist immer vollständig anzugeben, die Vornamen werden bei manchen Zitierstilen abgekürzt. In der Regel werden bis zu drei Verfassernamen angegeben. Bei mehr als drei Verfassern wird zum Teil nur der erste genannt, die Namen der anderen werden durch die Abkürzung „u. a." bzw. „et al." ersetzt.
- *Jahr.* Gemeint ist das Erscheinungsjahr der Publikation in der vorliegenden Ausgabe.
- *Titel.* Auch die Titel von Publikationen sollten vollständig angegeben werden, inklusive der „Unter- bzw. Nebentitel" (z. B. Linguistische Textanalyse: Eine Einführung in Grundbegriffe und Methoden).
- *Reihentitel.* Bei gezählten Schriftenreihen ist der Reihentitel meist mit der Bandzählung anzugeben.
- *Auflage.* Ab der zweiten Auflage sind bei einigen Zitierstilen die Auflagenzählung und gegebenenfalls auch die Zusätze anzugeben (z. B. „3., vollst. aktualis. Aufl." oder „3. ed.").
- *Ort.* Gemeint ist der Verlagsort. Kommen mehrere Verlagsorte vor, so werden – je nach Zitierstil – entweder nur der erste oder die ersten drei genannt; auf weitere Verlagsorte kann mit dem Hinweis „u. a." hingewiesen werden.
- *Verlag.* Nicht bei allen Zitierstilen wird der Verlag angegeben.

Verfasserschrift

Die im Folgenden in den blauen Hinweisfeldern aufgeführten Beispiele orientieren sich am häufig verwendeten Zitierstil der American Psychological Society (APA), daneben gibt es allerdings noch zahlreiche andere Formen der Darstellung.

Mögliches Darstellungsschema:
<Autor, A. & Autor, A.> (<Jahr>). *<Buchtitel>*: *<Zusatz zum Titel>*. *<Schriftenreihe>* <Verlagsort>: <Verlag>.
Beispiel:
Di Paolo, M. & Yaeger-Dror, M. (2011). *Sociophonetics: A student's guide. English Language and Linguistics*. London: Routledge.

Wenn ein Buch nicht von einem Verfasser allein geschrieben wurde, sondern zahlreiche Beiträge mehrerer Verfasser enthält, spricht
man von einem *Sammelwerk* bzw. von einer *Herausgeberschrift*.

Herausgeberschrift

Bei manchen Zitierstilen wird der Herausgeber wie ein Verfasser
behandelt und erhält den nachgestellten Zusatz (Ed.) bzw. (Hrsg.). Bei
anderen Zitierstilen wird der Name des Herausgebers erst nach dem
Titel des Buches genannt (meist nach der Wendung „ed." bzw. „hrsg.
von"). In diesem Fall werden Herausgeberschriften in Literaturver-
zeichnissen nicht unter dem Namen ihres Herausgebers, sondern unter ihrem Titel sortiert.

Mögliches Darstellungsschema:
<Herausgeber, H.> (Hrsg.). (<Jahr>). *<Buchtitel>*. <Verlagsort>: <Verlag>.
Beispiel:
Wenk, B. (Hrsg.). (1987). *French phonetics and phonology*. New York [u. a.]: Mouton
de Gruyter.

Werden *unselbstständige Werke* zitiert (also vor allem Aufsätze aus
Zeitschriften und Sammelwerken), müssen neben dem Autor und dem
Titel des Aufsatzes auch die wichtigsten bibliographischen Daten des
übergeordneten Titels genannt werden (also der Zeitschrift oder des
Sammelbands). Zitate von unselbstständiger Literatur bestehen daher
immer aus zwei Teilen: a) dem Zitat des Aufsatzes und b) dem Zitat der
Publikation, in der der Aufsatz abgedruckt ist. In manchen Zitierstilen
werden diese beiden Teile durch das Wort „In" miteinander verbunden. Ebenfalls charakteristisch für Zitate unselbstständiger Literatur
sind die „doppelten" Seitenzahlen. Sie geben den Bereich an, über den
sich der Aufsatz innerhalb des Zeitschriftenbandes bzw. des Sammelwerks erstreckt (z. B. S. 23–45).

*Unselbstständige
Werke*

Wichtige bibliographische Daten bei Aufsätzen aus Zeitschriften
sind insbesondere der Zeitschriftentitel, die Jahrgangs- bzw. laufende
Bandnummer. (z. T. mit der Nummer des einzelnen Zeitschriftenhefts),
das Erscheinungsjahr des Bandes (immer vierstellig anzugeben) und
die Seitenzahlen.

*Aufsatz aus einer
Zeitschrift*

Mögliches Darstellungsschema:
<Autor, A.> (<Jahr>). <Aufsatztitel mit Zusatz>. *<Name der Zeitschrift>*, <Band>,
<Seitenzahlen>.
Beispiel:
Nübling, D. (2009). Von Monika zu Mia, von Norbert zu Noah: Zur Androgynisierung
der Rufnamen seit 1945 auf prosodisch-phonologischer Ebene. *Beiträge zur Namen-
forschung, 44*, 67–110.

Aufsatz aus einer Herausgeberschrift

Bei *Aufsätzen aus Herausgeberschriften* wird, ähnlich wie bei Aufsätzen aus Zeitschriften, zunächst der Name des Autors, gegebenenfalls das Erscheinungsjahr sowie der Titel des Beitrags genannt, nach dem verbindenden „In" folgt dann das Zitat des Sammelwerks und die Seitenzahlen.

Mögliches Darstellungsschema:
<Autor, A.> (<Jahr>). <Beitragstitel>. In <H. Herausgeber> (Hrsg.), *<Buchtitel mit Zusatz>* (S. <Seitenzahlen>). <Verlagsort>: <Verlag>.
Beispiel:
Raible, W. (2000). Die Grundlagenkrise und die Entwicklung sprachwissenschaftlicher Paradigmen im 20. Jahrhundert. In W. Essbach (Hrsg.), *Wir – ihr – sie: Identität und Alterität in Theorie und Methode* (S. 69–88). Würzburg: Ergon-Verl.

Website

Da sich die Inhalte von *Websites* oder anderen Online-Dokumenten häufig ändern, ist bei Zitaten aus diesen Publikationen neben den wichtigsten Daten zur Auffindung des Dokuments (Verfasser bzw. Urheber, zum Teil auch Publikationsdatum, Titel und URL) unbedingt auch das Datum anzugeben, an dem das Dokument zuletzt aufgerufen wurde. Überprüfen Sie kurz vor der Abgabe Ihrer Arbeit diese Zitate noch einmal und tragen Sie – wenn sich nichts geändert hat – das aktuelle Datum in das Zitat ein.

Mögliches Darstellungsschema:
<Autor oder herausgebende Körperschaft> (<Datum der Publikation bzw. Jahr der letzten Änderung des Copyright>) *<Titel der Seite>*. <URL> <Datum des letzten Aufrufs>.
Beispiel:
Koehn, P. (2005). *MOSES: Statistical Machine Translation System.*
http://www.statmt.org/moses/ (abgerufen am 14. Dezember 2012).

Ein gewisses Problem bilden Zitate aus modernen Kommunikations- und Publikationsformen wie z. B. Beiträge aus Blogs, Mailinglisten oder Postings in Internetforen, zu denen viele Literaturstile noch keine klaren Hinweise bieten. Hier ist vor allem darauf zu achten, dass sowohl die Publikationsplattform (z. B. das Blog) als auch der gemeinte Beitrag sowie das Datum des Seitenaufrufs im Zitat benannt werden. Regelmäßig aktualisierte Zitierstile wie der APA-Style bieten jedoch auch Lösungen für Zitate aus Blogs, Interviews, Facebook, Twitter und YouTube.

Tipp

Notieren Sie sich bei allen Dokumenten, die Sie verwenden, immer sofort die vollständigen bibliographischen Daten, insbesondere wenn Sie einen Aufsatz aus einer Zeitschrift oder aus einem Sammelband kopieren. Nur so können Sie ihn später in Ihrer Arbeit sicher und vollständig zitieren.

12.4 Zitate im Text, Kurzbelege, Fußnoten und Literaturverzeichnis

Abschließend sollen nun noch einige Besonderheiten im Zusammenhang mit Zitaten behandelt werden. Sie betreffen (a) Zitate innerhalb des Textes, (b) Kurzbelege, (c) Literaturangaben in Fußnoten und (d) das Literaturverzeichnis.

12.4.1 Zitieren im Text

Wenn Sie in Ihrem Text aus einem anderen Dokument zitieren, können Sie dies auf zwei Arten tun:

Zitat im Text

- Sie können die entsprechende Textpassage wörtlich in Ihr Dokument einfügen. In diesem Fall spricht man von einem *wörtlichen Zitat*.
- Sie können die Kerngedanken der Stelle, die Sie zitieren möchten, auch in Ihren eigenen Worten wiedergeben; in diesem Fall spricht man von einer *Paraphrase*. Auch hier muss auf die Quelle verwiesen werden.

Bei der Darstellung eines wörtlichen Zitats wird zwischen einem Kurzzitat (bis ca. 40 Wörter) und einem Langzitat (mehr als ca. 40 Wörter) unterschieden. Der Hinweis auf den zitierten Originaltext erfolgt in der Regel über einen Kurzbeleg, alternativ kann auch eine Fußnote verwendet werden (s. u. S. 135).

Wörtliches Zitat

Kurzzitate werden in derselben Schriftgröße in den normalen Textfluss integriert. Hierbei können Sie sowohl ganze Sätze zitieren als auch Satzteile anderer Autoren in Ihren Satzbau integrieren. Kenntlich gemacht werden Kurzzitate durch Anführungszeichen am Anfang und am Ende des Zitats. Darüber hinaus können Kurzzitate auch kursiv gesetzt werden.

Um zu vermeiden, dass der Leser bei sehr langen Zitaten, bei denen man die Anführungszeichen schnell aus den Augen verliert, in Unsicherheit gerät, ob der Text von Ihnen oder einem anderen Autor stammt, werden *Langzitate* noch stärker vom normalen Text abgesetzt. Sie beginnen nach einem Doppelpunkt auf einer neuen Zeile, meist wird auch noch eine Leerzeile eingefügt, um den Absatz besonders deutlich hervorzuheben. Darüber hinaus werden lange Zitate oft eingerückt und in einer kleineren Schrift gedruckt. Auf Anführungszeichen wird bei Langzitaten in der Regel verzichtet.

Innerhalb eines wörtlichen Zitats sollten Sie nach Möglichkeit nichts verändern. Dies gilt auch für eine evtl. veraltete Rechtschreibung oder Zeichensetzung. Sollten Sie dennoch Änderungen vornehmen müssen, z. B. durch Auslassungen oder Einfügungen, müssen Sie diese kenntlich machen. Verwenden Sie hierfür die eckigen Klammern und kennzeichnen Sie Auslassungen durch [...] und Einfügungen als [eingefügtes Wort]. Auf keinen Fall dürfen Auslassungen oder Einfügungen den ursprünglichen Sinn des Zitats verändern. Kommen innerhalb eines Zitats Hervorhebungen vor (z. B. durch Kursivschrift), müssen Sie diese übernehmen. Eigene Hervorhebungen müssen Sie kennzeichnen, z. B. durch den Zusatz [meine Hervorhebung] oder [Hervorhebung Klaus Gantert]. Enthält der zitierte Text einen offensichtlichen Fehler, z. B. einen Tippfehler, so müssen Sie auch diesen übernehmen. Durch den Hinweis [!] oder [sic] nach dem fehlerhaften Wort können Sie deutlich machen, dass der Fehler tatsächlich in dieser Form aus der Quelle und nicht von Ihnen stammt.

Paraphrase

Neben einem wörtlichen Zitat können Sie die Aussagen eines anderen Autors auch dadurch wiedergeben, dass Sie sie umschreiben, also paraphrasieren. Auch in diesem Fall müssen Sie unbedingt auf die zitierte Quelle hinweisen.

Der Hinweis auf eine zitierte Quelle kann – egal ob es sich dabei um ein wörtliches Zitat oder um eine Paraphrase handelt – auf zwei Arten erfolgen: durch einen Kurzbeleg im Text oder durch eine Fußnote am unteren Seitenende.

12.4.2 Kurzbelege

Kurzbeleg

Bei Kurzbelegen werden nur sehr wenige bibliographische Daten (meist der Familienname des Verfassers, das Erscheinungsjahr und die Seitenzahlen) direkt am Ende des Zitats angegeben und in runde Klammern gesetzt. Welche bibliographischen Daten in welcher Form angegeben werden, hängt vom verwendeten Zitierstil ab.

(Ehlich & Rehbein, 1982, S. 66–70)   [APA-Style]
(Ehlich und Rehbein 66–70)   [MLA-Style]
(Ehlich, Rehbein 1982, S. 66–70)   [Duden-Richtlinien]

Für das sichere Auffinden der zitierten Quelle reichen diese verkürzten Angaben nicht aus. Sie verweisen nicht direkt auf das zitierte Dokument, sondern auf den vollständigen Beleg, der im Literaturverzeichnis der Arbeit enthalten sein muss, z. B.:

Ehlich, K. & Rehbein, J. (1982). *Augenkommunikation: Methodenreflexion und Beispielanalyse. Linguistik aktuell: Vol. 2.* Amsterdam: John Benjamins.

Die Vorteile von Kurzbelegen bestehen vor allem darin, dass der Lesefluss nicht gestört wird und nur sehr wenig Platz verloren geht. Allerdings kann man oft nicht sofort erkennen, welches Werk zitiert wurde; für diese Information muss immer erst das Literaturverzeichnis aufgeschlagen werden.

Kurzbelege werden auch als amerikanische Zitierweise bezeichnet und sind im angloamerikanischen Raum stark verbreitet. In der linguistischen Forschungsliteratur werden sie allerdings auch in Deutschland häufig verwendet. Nicht alle Zitierstile sehen solche Kurzbelege vor.

12.4.3 Fußnoten

Eine andere Möglichkeit, um im Text auf das verwendete Originaldokument zu verweisen, ist die Fußnote (auch europäische Zitierweise). Hierbei wird am Ende des Zitats eine kleine hochgestellte Zahl in den Text eingefügt, die auf die entsprechend nummerierte Referenzstelle am Fuß der Seite verweist. Dort finden sich dann in einer kleineren Schrift die genauen bibliographischen Angaben des zitierten Werks.

Fußnoten

Gegenüber der „normalen" Darstellung der bibliographischen Daten entsprechend des gewählten Zitierstils (s. o. S. 128) ist bei den Literaturangaben innerhalb von Fußnoten vor allem eine Besonderheit zu beachten: Da die Literaturangaben in den Fußnoten nicht nach einer alphabetischen Ordnung, sondern in der Reihenfolge der Behandlung im Text präsentiert werden, kann man hier bei der Angabe des Verfassernamens die natürliche Reihenfolge verwenden (Vorname Familienname).

Da bei diesem System alle wichtigen bibliographischen Daten der zitierten Werke in der Fußnote erscheinen, ist hier, insbesondere bei kürzeren Texten (z. B. Aufsätzen), grundsätzlich kein separates Literaturverzeichnis nötig.

Bei umfangreicheren Werken bzw. Werken mit vielen Zitaten (z. B. Bachelorarbeiten, Masterarbeiten und Dissertationen) nimmt die Methode, jedes benutzte Werk in den Fußnoten gegebenenfalls auch mehrfach vollständig zu zitieren, sehr viel Platz in Anspruch. Darum werden die Literaturangaben auch hier in der Regel nur beim ersten Mal vollständig aufgeführt. Bei allen weiteren Belegen eines bereits zitierten Werks beschränkt man sich auf einen Kurzbeleg (s. o. S. 134), jedoch nicht im Anschluss an das Zitat, sondern als Fußnote. Hier wird dann auf die runden Klammern verzichtet. Die vollständigen bibliographischen Daten finden sich in diesen Fällen im Literaturverzeichnis.

Wenn es – wie bei vielen wissenschaftlichen Aufsätzen – kein eigenes Literaturverzeichnis gibt, kann bei den Kurzbelegen auch auf den ersten Beleg des zitierten Werks (mit den vollständigen bibliographischen Daten) verwiesen werden. Dies geschieht zumeist durch den Hinweis „s. o. Anm. 9". Nicht zu empfehlen sind pauschale Hinweise wie „Ehlich, Rehberg, a.a.O., S. 235" (a.a.O. = am angegebenen Ort). Hier muss der Leser in allen vorangehenden Zitaten nach den gemeinten Daten suchen.

Wird in zwei unmittelbar aufeinanderfolgenden Fußnoten auf dieselbe Quelle verwiesen, so kann in der zweiten durch die Abkürzungen „ebd.", „ebda.", „ib." oder „ibid." (für „ebenda" bzw. „ibidem") auf die Literaturangaben der ersten verwiesen werden. Gegebenenfalls abweichende Seitenzahlen müssen berücksichtigt werden (z. B. „ebd., S. 34").

Endnoten

Durch die Verbreitung moderner Textverarbeitungsprogramme mit ihren komfortablen Fußnotenfunktionen werden *Endnoten* (nummerierte Anmerkungen, die nicht am Fuß der Seite, sondern am Ende des Aufsatzes bzw. der Kapitel eines Buches erscheinen) kaum noch verwendet. Sie haben den Nachteil, dass der Leser bei jedem Zitat ans Ende des Aufsatzes bzw. des Kapitels blättern muss, um den Beleg zu sehen.

Neben den Belegen für zitierte Dokumente können Sie die Fuß- oder Endnoten auch nutzen, um weiterführende Informationen zu geben oder kürzere Exkurse einzufügen. Informationen, die für das Verständnis des Textes wichtig sind, gehören jedoch grundsätzlich in den Haupttext.

12.4.4 Das Literaturverzeichnis

Literaturverzeichnis

Während Aufsätze zumeist ohne ein separates Literaturverzeichnis erscheinen, sind Literaturverzeichnisse ein wichtiger Bestandteil vor allem in Buchveröffentlichungen, Seminar- und Examensarbeiten. Im Literaturverzeichnis werden alle Werke aufgeführt, die für die Abfassung der vorgelegten Arbeit verwendet wurden. Das Literaturverzeichnis muss also alle in der Arbeit zitierten Werke enthalten. Die Gestaltung der einzelnen Literaturangaben hängt vom Zitierstil ab, den Sie verwenden (s. o. S. 128).

Reihenfolge der Titel

Um einen schnellen Überblick über alle verwendeten Werke zu bekommen und einzelne Titel schnell auffinden zu können, ist die Reihenfolge, in der die Literaturangaben präsentiert werden, besonders wichtig. Das erste Kriterium für die Sortierung der Titel ist der Familienname des Verfassers. Aus diesem Grund erscheint er im Literaturverzeichnis vor dem Vornamen (z. B. Chomsky, Noam oder Chomsky, N.).

Werke ohne Verfasser werden unter ihrem Titel eingeordnet; Herausgeberwerke werden – wiederum je nach den Regelungen des Zitierstils –
unter dem Namen des Herausgebers oder unter ihrem Titel sortiert.

Zitieren Sie mehrere Werke eines Verfassers, werden sie nach dem
Erscheinungsjahr sortiert. Bei mehreren Werken eines Verfassers mit
dem gleichen Erscheinungsjahr ist insbesondere darauf zu achten,
dass sich die Kurzbelege eindeutig zuordnen lassen. Hierfür empfiehlt
es sich, in den Kurzbelegen und im Literaturverzeichnis einen kleinen
Buchstaben hinter das Erscheinungsjahr zu setzten.

> Vennemann, Theo. 2000a. From quantity to syllable cuts: On so-called length-
> ening in the Germanic languages. *Journal of Italian Linguistics/Rivista di Lin-
> guistica* 12. 251–282.

> Vennemann, Theo. 2000b. Triple-cluster reduction in Germanic: Etymology
> without sound laws? *Historische Sprachwissenschaft* 113. 239–258.

Achten Sie beim Zitieren vor allem auf folgende Punkte: **Tipp**
- Notieren Sie während Ihrer Arbeit immer alle bibliographischen Daten.
- Wählen Sie einen Zitierstil und folgen Sie diesem konsequent.
- Wenn Sie unsicher sind, welchen Zitierstil Sie wählen sollen, fragen Sie Ihre Do-
  zentin bzw. Ihren Dozenten.
- Überprüfen Sie am Ende Ihrer Arbeit noch einmal alle Literaturangaben.

Anstelle eines Glossars

Ein ausführliches Glossar mit Erläuterungen zu allen Begriffen, die bei der Literatur- und Informationsrecherche eine Rolle spielen, würde den Umfang dieses Buches sprengen und liegt zudem in einer kostenfreien Online-Version bereits vor. Verlässliche Erläuterungen zu allen bibliothekarischen Fachbegriffen, die Ihnen in diesem Buch – oder auch in anderen Zusammenhängen – begegnen, bietet das Glossar auf der Website *informationskompetenz.de* – Vermittlung von Informationskompetenz an deutschen Bibliotheken. Neben den Definitionen der Begriffe finden Sie hier bei vielen Einträgen auch verwandte, über- und untergeordnete Begriffe sowie Beispiele und Links auf externe Angebote.
http://www.informationskompetenz.de/glossar/

Zu guter Letzt

„ich wissen ich suchen wie wissen was suchen". So heißt es gegen Ende des eingangs zitierten Gedichts von Ernst Jandl, der schon 1978 – weit vor der flächendeckenden Verbreitung des Internets – die Grundprobleme der Informationsgesellschaft des neuen Jahrtausends klar erkannt und pointiert beschrieben hat. So versucht das vorliegende Werk für den Bereich der Linguistik eine Hilfe zu sein, für die nächsten Schritte, die an dieser Stelle folgen müssen: *„ich wissen wo suchen"* und *„ich wissen wie suchen"*.

In diesem Sinne wünsche ich Ihnen, dass Sie die linguistische Literatur- und Informationsrecherche nicht nur als lästige Pflicht oder notwendiges Arbeitsinstrument für Ihr Studium verstehen, sondern auch Freude an diesem wichtigen und durchaus kreativen wissenschaftlichen Arbeitsfeld finden.

Ressourcenverzeichnis

Für die Recherche in lizenzpflichtigen elektronischen Ressourcen empfiehlt sich der Zugang über das Datenbank-Infosystem (DBIS) bzw. über den OPAC Ihrer Bibliothek.
Das Ressourcenverzeichnis ist kostenlos online zugänglich über die Website von De Gruyter: http://www.degruyter.com/view/product/185782
Bitte beachten Sie folgenden Hinweis: Online-Ressourcen sind schnellen Veränderungen unterworfen, sei es durch Aktualisierungen, sei es durch Neustrukturierung der Daten, sei es durch Layout-Anpassung. Die grundsätzlichen Ausführungen zum Inhalt eines Angebots bleiben davon allerdings meist unberührt.

Literaturverzeichnis

DeMiller, Anna L: Linguistics. A Guide to the Reference Literature. 2. Aufl. Englewood, Colo.: Libraries
    Unlimited 2000. 396 S.
Franck, Norbert; Stary, Joachim (Hrsg.): Die Technik des wissenschaftlichen Arbeitens. Eine praktische
    Anleitung. 16., überarb. Aufl. Paderborn u. a.: Schöningh 2011 (UTB 724). 307 S.
Franke, Fabian; Klein, Annette; Schüller-Zwierlein, André: Schlüsselkompetenzen: Literatur recherchieren in
    Bibliotheken und Internet. Stuttgart: Metzler 2010. VI, 145 S.
Gantert, Klaus: Elektronische Informationsressourcen für Germanisten. Berlin,
    New York: De Gruyter Saur 2010 (Bibliothekspraxis 40). 323 S.
Gantert, Klaus: Erfolgreich recherchieren – Germanistik. Berlin, Boston: De Gruyter Saur 2012 (Erfolgreich
    recherchieren). IX, 118 S.
Hansel, Johannes; Kaiser, Lydia: Literaturrecherche für Germanisten. Studienaus-gabe. 10., völlig neubearb.
    und erw. Aufl. Berlin: Erich Schmidt 2003. 280 S.
Haug, Jochen: Erfolgreich recherchieren – Anglistik und Amerikanistik. Berlin, Boston: De Gruyter Saur 2012
    (Erfolgreich recherchieren). VIII, 128 S.
Hollender, Ulrike: Erfolgreich recherchieren – Romanistik. Berlin, Boston:
    De Gruyter Saur 2012 (Erfolgreich recherchieren). VII, 126 S.
Internationale Bibliographie der Bibliographien 1959–1988. Staatsbibliothek zu Berlin. Hrsg. von Helmut
    Walravens. Bd. 5 Philologie. Literaturwissenschaft. München: Saur 2000. X, 370 S.
Jele, Harald: Wissenschaftliches Arbeiten. Zitieren. 3. Aufl. Stuttgart: Kohlhammer 2012, XIII, 161 S.
Lauber-Reymann, Margrit: Informationsressourcen. Ein Handbuch für Bibliothekare und Informations-
    spezialisten. Berlin, New York: De Gruyter Saur 2010 (Bibliotheks- und Informationspraxis 42). 491 S.
Lewandowski, Dirk (Hrsg.): Handbuch Internet-Suchmaschinen. Band 1. Nutzer-orientierung in Wissenschaft
    und Praxis. Heidelberg: AKA 2009. VIII, 409 S.; Band 2. Neue Entwicklungen in der Web-Suche.
    Heidelberg: AKA 2011. VIII, 382 S.
Niederhauser, Jürg: Duden. Die schriftliche Arbeit. Mannheim, Zürich: Dudenverlag 2011 (Praxis kompakt).
    80 S.
Niedermair, Klaus: Recherchieren und Dokumentieren. Der richtige Umgang mit Literatur im Studium.
    Konstanz: UVK 2010 (UTB 3356). 208 S.
Rothstein, Björn: Wissenschaftliches Arbeiten für Linguisten. Tübingen: Narr 2011 (Narr-Studienbücher).
    218 S.
Schmitz, Ulrich (Hrsg.): Linguistik lernen im Internet. Das Lehr-/Lernportal PortaLingua. Tübingen: Narr 2004
    (Narr-Studienbücher). 281 S.
Theisen, Manuel René: Wissenschaftliches Arbeiten. Technik – Methodik – Form. 15., aktualisierte und erg.
    Aufl. München: Vahlen 2011. XXII, 309 S.
Wray, Alison; Bloomer, Aileen: Projects in Linguistics and Language Studies.
    A practical Guide to Researching Language. 3. Aufl. London: Hodder Education 2012, X, 315 S.

Sachregister

Abbildungsnachweise

Über den Autor

Dr. Klaus Gantert studierte Germanistik und Geschichte in Freiburg im Breisgau. Nach einer Tätigkeit als wissenschaftlicher Mitarbeiter am Institut für Germanistik der TU Dresden war er von 1998 bis 2006 an der Staatsbibliothek zu Berlin tätig, zunächst in der Handschriftenabteilung, danach als Fachreferent für Allgemeine und Vergleichende Sprach- und Literaturwissenschaft, Germanistik, Niederlandistik und Skandinavistik. Seit 2006 ist er Hochschullehrer am Fachbereich Archiv- und Bibliothekswesen der FHVR in Bayern, seit 2007 stellvertretender Fachbereichsleiter. Sein Forschungsschwerpunkt sind elektronische Informationsressourcen in den Geisteswissenschaften.

ERFOLGREICH RECHERCHIEREN

Herausgegeben von Klaus Gantert

Jochen Haug
Erfolgreich recherchieren – Anglistik und Amerikanistik

Annette Scheiner
Erfolgreich recherchieren – Biowissenschaften

Jens Hofmann
Erfolgreich recherchieren – Erziehungswissenschaften

Klaus Gantert
Erfolgreich recherchieren – Germanistik

Doina Oehlmann
Erfolgreich recherchieren – Geschichte

Kerstin Weinl
Erfolgreich recherchieren – Informatik

Ivo Vogel
Erfolgreich recherchieren – Jura

Christian Oesterheld
Erfolgreich recherchieren – Klassische Altertumswissenschaften *(in Planung)*

Angela Karasch
Erfolgreich recherchieren – Kunstgeschichte

Klaus Gantert
Erfolgreich recherchieren – Linguistik

Astrid Teichert
Erfolgreich recherchieren – Mathematik

Iris Reimann
Erfolgreich recherchieren – Medizin

Heinz-Jürgen Bove
Erfolgreich recherchieren – Politik- und Sozialwissenschaften

Ulrike Hollender
Erfolgreich recherchieren – Romanistik

Martin Gorski
Erfolgreich recherchieren – Wirtschaftswissenschaften *(in Planung)*

www.ingramcontent.com/pod-product-compliance
Lightning Source LLC
Chambersburg PA
CBHW080543110426
42813CB00006B/1188